# DES PARIS

## SUR LES COURSES DE CHEVAUX

*Étude de droit civil et de droit pénal*

---

## THÈSE POUR LE DOCTORAT

*Présentée et soutenue le jeudi 14 juin 1900 à 2 h. 1/2.*

PAR

### Jacques CELLIER

Président : M. SALEILLES, *professeur.*

Suffragants : { MM. LE POITTEVIN, *professeur.*
COLIN, *professeur.*

Le Candidat répondra, en outre, aux questions qui lui seront posées
sur les autres matières de l'enseignement

PARIS

## JOUVE ET BOYER

IMPRIMEURS

15, Rue Racine, 15

1900

# THÈSE

POUR

# LE DOCTORAT

# DES PARIS

## SUR LES COURSES DE CHEVAUX

*Étude de droit civil et de droit pénal*

---

## THÈSE POUR LE DOCTORAT

*Présentée et soutenue le jeudi 14 juin 1900 à 2 h. 1/2.*

PAR

### Jacques CELLIER

*Président :* M. SALEILLES, *professeur.*
*Suffragants :* } MM. LE POITTEVIN, *professeur.*
COLIN, *professeur.*

Le Candidat répondra, en outre, aux questions qui lui seront posées
sur les autres matières de l'enseignement

PARIS

## JOUVE ET BOYER

IMPRIMEURS

15, Rue Racine, 15

1900

DES

# PARIS SUR LES COURSES DE CHEVAUX

Étude de droit civil et de droit pénal

---

## INTRODUCTION

L'utilité, nous dirons même : la nécessité des courses de chevaux au point de vue de l'amélioration des races chevalines ne se discute plus aujourd'hui.

Ainsi que l'a si justement dit M. de Kerjégu à la Chambre des députés le 16 février 1891, dans son rapport fait au nom de la commission chargée d'examiner le projet de loi concernant la centralisation et le mode

d'emploi des fonds provenant du pari mutuel (1) :
« Les courses, pour une partie du public, peuvent
n'être qu'un divertissement, un spectacle, une occasion
de jeu ; mais pour tous ceux qui ont avec le goût du
cheval, le sentiment élevé d'un grand intérêt national,
elles apparaissent comme le seul moyen efficace et
jusqu'ici connu d'assurer l'avenir de nos races chevalines.

« Indispensables à l'élevage du cheval de demi-sang
c'est-à-dire du cheval de guerre, les courses constituent la seule épreuve qui permette d'éliminer les animaux sans valeur pour la reproduction et de distinguer
ceux que leur vitesse, leur énergie et leur résistance
rendront propres à l'amélioration de l'espèce.

« Elles sont la pierre de touche qui marque tout
« bon reproducteur. Sans elles, pas de sélection pos-
« sible. »

Servant ainsi de critérium pour apprécier le mérite
des animaux reproducteurs, les courses (2) « ont donné

1. Chambre des députés, cinquième législature, annexe au procès verbal de la séance du 16 février 1891, n. 1200.

2. Rapport fait au nom de la commission chargée d'examiner
le projet de loi ayant pour objet de réglementer l'autorisation et
le fonctionnement des courses de chevaux. Chambre des députés,
cinquième législature, annexe au procès-verbal de la séance du
30 avril 1891, n. 1389.

naissance, dit M. Riotteau, d'abord à celte admirable famille de pur sang, qui domine toute attaque de bien haut, du moment où on la présente comme élément indispensable d'amélioration des races, puis à cette variété perfectionnée de cheval de demi-sang possédant au titre le plus élevé les qualités de guerre et de service, les transmettant par la génération et les vulgarisant, si on peut s'exprimer ainsi, par tout le territoire. »

C'est grâce à l'application de cette méthode depuis 1660 que l'Angleterre, reprenant d'ailleurs sur ce point les traditions des Arabes, qui, eux aussi, avaient formé une race de pur sang admirable en faisant une sélection des meilleurs chevaux par la constatation de leurs qualités de vitesse et de résistance en épreuves publiques et en tenant soigneusement compte de la généalogie des bons chevaux, a su créer la race qui, soit à l'état pur, soit par le croisement, fournit encore au monde entier le cheval le plus parfait comme modèle et conserver ainsi, depuis longtemps, une supériorité incontestable.

C'est grâce aux courses, dont la consécration officielle ne date que de 1805, que, dans le courant de ce siècle, la France a pu reconstituer sa cavalerie et qu'elle a pu former une race de pur sang dont les produits peuvent rivaliser avec ceux de l'Angleterre et sont chaque jour de plus en plus recherchés comme étalons, en Allemagne, en Autriche, en Russie.

Or, ainsi que l'a dit un homme des plus compétents en la matière : « Il n'y a que deux manières d'obtenir le pur sang : ou que l'Etat dépense des sommes considérables à le produire, ou qu'il laisse les courses en développer l'élevage, tout en y intervenant pour sa quote part (1). »

Malheureusement la production par l'Etat ne pourrait jamais être suffisante, et les subventions ne peuvent, sous peine de surcharger trop lourdement le budget, atteindre un chiffre très élevé.

Le montant des allocations de prix sur les hippodromes au contraire va toujours croissant, grâce aux nombreuses récompenses que distribuent les différentes sociétés de courses et auxquelles viennent s'ajouter les subventions accordées par le gouvernement. La somme totale des prix distribués qui était en 1888 de 5.229.000 fr. s'est élevée en 1896 à 9.333.114 fr., en 1898 à 10.584.473 francs, et le chiffre prévu pour 1900 est encore de beaucoup supérieur.

Les éleveurs trouvent ainsi dans les courses non seulement l'attrait de la lutte, qui peut inciter beau-

1. Edmond Henry, député du Calvados, membre du Conseil supérieur des haras. *Les courses, leur utilité au point de vue de l'agriculture, et de l'armée.*

coup de personnes riches à faire des sacrifices à l'élevage, mais aussi l'espérance d'une rémunération pécuniaire importante, soit en recueillant les prix des courses gagnées ou les primes à l'élevage, soit en vendant plus cher ceux de leurs produits qui ont fourni des courses satisfaisantes.

C'est ce que prévoyait déjà la circulaire du ministre de l'intérieur du 19 décembre 1819. « Les courses, disait-elle, développent les moyens des chevaux ; elles font ressortir leur mérite par comparaison, elles éclairent sur leurs qualités et leurs défauts, elles donnent au vainqueur un nouveau prix. Cette augmentation de valeur, qui est une des suites les plus importantes des sacrifices que fait l'État dans ces circonstances, engage les propriétaires à donner aux dispositions qui précèdent la naissance du cheval de selle et qui doivent accompagner son éducation des soins plus attentifs, dont ils entrevoient dans l'avenir le dédommagement » (1).

L'expérience et la statistique ont justifié ces prévisions. L'émulation provoquée par un double mobile, de gloire

1. Cf. Instruction du ministre de l'intérieur en date du 26 mars 1825 explicative de l'arrêté du 16 mars 1825. « Il sera facile de reconnaître dans ces nouvelles dispositions l'esprit qui les a dictées et l'objet qu'on a eu en vue, savoir : d'exciter une plus grande émulation, d'écarter les concurrences qui ne pourraient être que décourageantes, de soutenir celles qui sont utiles en offrant ce-

et de profit, a eu pour conséquence d'augmenter la production en nombre et en qualité et d'exciter les producteurs à élever mieux.

L'heureuse influence des courses sur la production du cheval, et par suite l'intérêt qu'elles offrent pour l'agriculture et pour la défense nationale, démontrent d'une manière péremptoire combien les courses sont nécessaires à l'élevage.

Comment une institution aussi utile a telle pu susciter des critiques, si vives que beaucoup de gens sont allés jusqu'à en demander la suppression ?

C'est que, il faut le reconnaître, les courses ne vont jamais sans paris : « Sur tous les points du globe, ainsi que le dit M. Riotteau, partout où il y a eu des courses il y a des parieurs », (1) et les paris n'ont pu fonctionner sans quelques exagérations ou abus regrettables nés de la faveur du public (2).

---

pendant en même temps des récompenses aux efforts faits pour les combattre et les surmonter, enfin de favoriser plus puissamment et en ménageant tous les intérêts, la transplantation et la propagation des races les plus propres à améliorer l'espèce ».

1. Rapport à la Chambre des députés, 30 Avril 1891. *Annexes n°* 1389. p. 25.

2. Mais ainsi que le déclarait M. de Kerjégu, répondant à MM. Tony-Révillon et Michon dans la séance de la Chambre des députés du 28 Février 1891 : « Il serait injuste d'en rendre l'institution responsable ».

A Paris surtout, où les réunions de courses ont lieu presque tous les jours, l'appât d'un gain facile, les espérances de fortune rapide attirent constamment sur les champs de courses des milliers de parieurs, appartenant à toutes les classes de la société, les paris ont acquis une extension considérable, et occasionnent de multiples bouleversements de fortune, créant des légions de déclassés.

Par suite d'abus nombreux on a pu, avec quelque apparence de raison, reprocher aux paris de dégénérer en véritables jeux de hasard, où la chance prédominait sur les combinaisons de l'intelligence, et de favoriser simplement la passion du jeu dont d'habiles escrocs tiraient un profit personnel sans aucun avantage pour le but que se proposaient les sociétés de courses (1).

D'autre part, des plaintes nombreuses et quelquefois fondées s'élevèrent contre le pari, dit à la cote (2) qui,

1. Rouen, 3 août 1889. S. 1890. 2. 101.

2. Dès 1885, dans un rapport adressé au Ministre de l'Agriculture au nom de la commission chargée d'étudier la question des paris et des fraudes, de la Rochette n'hésitait pas à demander, la suppression des piquets des bookmakers, ainsi que des paris à la cote sur les champs de courses, comme dangereux, immoraux et pouvant vicier la régularité des épreuves.

disait-on, donnait lieu souvent à de graves fraudes et faussait complètement la sincérité des épreuves.

Sous l'influence de ces protestations, la jurisprudence condamna successivement toutes les formes de paris aux courses, d'abord les poules de l'agence Oller qui fonctionnaient par le tirage au sort, comme assimilables aux loteries prohibées par la loi de 1836 (1). Puis en 1874, le tribunal de la Seine, et la cour de Paris prohibèrent comme jeux de hasard les paris mutuels, même simples, et cette décision fut approuvée par la cour de Cassation (2). Ceci était faux, car les jeux de hasard, sont ceux auxquels le hasard seul préside et il est évident que les paris relatifs aux courses, dans lesquels le parieur choisit son cheval ne peuvent être rangés parmi les jeux de hasard qu'en vertu d'une extension abusive et arbitraire de la loi (3).

Mais la jurisprudence, impressionnée par les vives attaques dirigées contre le développement excessif des paris sur les courses et voulant à tout prix trouver dans la loi pénale le moyen d'enrayer le mal, allait entrer plus avant encore dans la voie de l'arbitraire.

---

1. Jugement du tribunal de la Seine, 8 avril 1869, et arrêt de la cour de Paris, 4 juin 1869.

2. Cass. 18 juin 1875, s. 1875, 1 386.

3. *Cf.* Villey, note dans Sirey. 1890 1.386.

La cour de Paris et, après elle, la cour de cassation décidèrent que les paris à la cote devaient être
considérés comme jeux de hasard « lorsque celui qui
les provoque s'adresse à des personnes qui sont étrangères aux habitudes des courses, ne connaissent pas
les chevaux qui doivent courir, n'ont pas le moyen
d'apprécier personnellement l'aptitude de ces animaux, qu'enfin la chance prédomine sur l'adresse et
l'intelligence » (1).

Les paris à la cote ne restaient en dehors des jeux
de hasard que si, individuels, ils étaient faits entre
personnes s'occupant notoirement des courses et possédant des connaissances spéciales, qui leur permettent de se livrer à des calculs rationnels sur les chances respectives des chevaux (2).

Cette distinction était contraire à tous les principes,
car, d'une part, les courses de chevaux ne sont pas
des opérations de pur hasard, les chances aléatoires
sont nombreuses, mais les qualités du cheval et l'habileté du jockey prédominent (3), d'autre part un jeu ou
un pari ne peut être qualifié jeu de hasard qu'en vertu de sa nature parce que l'adresse ou les calculs de

1. Cass., 5 janvier 1877. S. 1877. 1. 481.

2. Paris, 30 octobre 1888. S. 1890. 1. 235.

3. Rapport du conseiller Saint-Luc. Courborieu, Cass, 18 juin
1875. S.1875.1.386.

l'intelligence ne peuvent y avoir aucune part, petite ou grande (1).

Ce n'est pas tout : comme la distinction était délicate à établir en fait, la jurisprudence, aggravant encore son mépris des principes, « sans craindre de se mettre en complet désaccord avec les faits, a posé en principe que le parieur de profession, pariant avec tous venants, pariait nécessairement avec des ignorants, avec des personnes s'en remettant uniquement au hasard, dans le choix qu'elles faisaient de tel ou tel cheval ». Cette présomption une fois admise, la jurisprudence a mis à la charge de l'inculpé la preuve contraire. « Rien n'établit mieux, dit M. Riotteau, l'embarras dans lequel elle s'est trouvée pour atteindre des faits graves que la loi n'avait pas expressément caractérisés (2) ».

Tel était l'état de choses quand le conseil municipal de Paris fut saisi d'une demande de concession formulée par un entrepreneur qui offrait de payer à la ville de Paris une redevance annuelle de six cent mille francs afin d'avoir l'autorisation d'établir des piquets

1. Cf rapport du conseiller Larouverade. Cass. 10 décembre 1887. S.1888.1.44 (écarté et poule au billard).

2. Rapport à la Chambre des Députés, 30 avril 1891, n° 1389, p. 11.

à l'usage des bookmakers sur les hippodromes appartenant à la ville et de les louer aux intérsssés.

Cette offre fut une révélation des bénéfices considérables qui pouvaient être réalisés sur les champs de courses par certains industriels. La commission du budget repoussa la proposition et, pour tarir la source de tels bénéfices, proposa au conseil municipal de demander l'interdiction des jeux sur toute l'étendue des champs de courses.

Conformément à cette décision, le préfet de la Seine fit aux sociétés d'encouragements, des steeple-chases, et du demi-sang, sommation d'avoir à interdire la pose des piquets et toute installation à l'usage des bookmakers, sur les hippodromes, loués par la ville de Paris.

D'autre part, M. Goblet, ministre de l'intérieur, par une circulaire en date du 16 mars 1887, invita tous les préfets à interdire d'une manière absolue toute espèce de paris sur les courses de chevaux.

Le résultat fut désastreux.

Immédiatement le public déserta les champs de courses ; en quatre jours la recette des entrées, qui constituaient, à cette époque, la principale ressource des sociétés, baissa de plus de cent mille francs.

Les sociétés menacées de disparaître comprirent enfin la nécessité d'organiser les paris, et elles sollicitèrent l'autorisation de faire fonctionner, sur leurs hippodromes, le pari mutuel simple ou totalisateur, qui était déjà pratiqué en Allemagne, en Autriche, et en Russie, où il était considéré comme la forme du pari la plus loyale, la moins désavantageuse, et qui paraissait sauvegarder à la fois les intérêts du public et des propriétaires.

C'est alors que le ministre de l'intérieur, d'accord avec ses collègues de la justice, de l'agriculture et des finances, autorisa successivement de nombreuses sociétés à organiser le pari mutuel sur leurs hippodromes et à le faire fonctionner moyennant un prélèvement de 2 0/0 sur la recette brute au profit de l'Assistance publique.

Le premier arrêté d'autorisation, pris le 28 avril 1887 en faveur de la société d'encouragement pour l'amélioration des chevaux de pur sang, est le type suivant lequel ont été rédigées toutes les autorisations postérieures. Dans cet arrêté le ministre de l'intérieur, après avoir réglé le taux du prélèvement pour les frais, et fixé l'unité de pari (art. 2 et 3) soumettait à son approbation les règlements à intervenir en vue du fonctionnement du pari mutuel (art. 5) et stipulait formellement que l'autorisation donnée, toujours révocable, était personnelle et ne pouvait être cédée.

En agissant ainsi, il était donné satisfaction à un double but, amélioration de la race chevaline et subvention aux établissements de bienfaisance (1), et à ce double point de vue, ces arrêtés étaient conformes à l'intérêt général.

Mais en droit, il faut le reconnaître, ces arrêtés étaient entachés d'excès de pouvoir, le ministre de l'intérieur s'appuyait en effet sur l'art. 5 de la loi du 21 mai 1836. Pour justifier ce motif, il eût fallu que le pari mutuel fût une loterie, ce que le bon sens se refuse formellement à admettre.

Aux termes de l'article 2 de la loi du 21 mai 1836 sont réputées loteries, et interdites comme telles les ventes d'immeubles, de meubles ou de marchandises effectuées par la voie du sort, ou auxquelles auraient été réunies des primes ou autres bénéfices dûs au hasard, et généralement toutes opérations offertes au public pour faire naître l'espérance d'un gain qui serait acquis par la voie du sort ».

La voie du sort n'intervenait en rien dans l'espèce, puisque le choix du cheval, sur lequel on parie, est libre et raisonné ; il était donc inexact de considérer le pari mutuel comme une loterie et les arrêtés ministériels ne pouvaient valablement prendre pour base la loi de 1836, qui ne vise que les loteries.

D'autre part, les arrêtés ministériels n'étaient pas

1. Rouen, 3 août 1889, S. 1890, 2. 101.

moins en contradiction avec l'article 5 de la loi de
1836, aux termes duquel sont exceptées des dispositions des articles 1 et 2 : les loteries d'objets mobiliers
exclusivement destinées à des actes de bienfaisance, ou
à l'encouragement des arts, lorsqu'elles auront été autorisées dans les formes qui seront déterminées par
des règlements d'administration publique » (1). Ainsi
que le fait remarquer M. Villey, il serait difficile de soutenir que les paris de courses soient exclusivement
destinés à des actes de bienfaisance ou à l'encouragement des arts. « Quoi qu'il en soit, d'ailleurs, l'exception est nécessairement comprise dans la règle : et si
les paris mutuels ne sont pas des loteries, ils ne pouvaient être valablement autorisés (2), par application de
l'art. 5 de la loi du 21 mai 1836 ».

Enfin, en admettant même que le pari mutuel fût une
loterie, les arrêtés ministériels avaient négligé d'observer les formes de l'ordonnance du 29 mai 1844 et,
par conséquent, les autorisations qu'ils contenaient
n'étaient pas données conformément à la loi.

A ces trois points de vue, les arrêtés ministériels
étaient entachés d'excès de pouvoir, il n'est donc pas
étonnant que la situation, qu'ils créaient, ait donné lieu

1. Ces formes ont été déterminées par l'ordon. du 21 mai 1844.
2. Villey. Note dans Sirey, 1890, 1, 234.

à de nombreuses difficultés, qui devaient montrer plus que jamais l'arbitraire de l'administration, ainsi que l'incohérence de la jurisprudence et la nécessité de réglementer, par une loi, cette situation bizarre.

La plus grosse difficulté fut soulevée à l'occasion de la commission au pari mutuel. Certains bookmakers, aussitôt après la création de ce mode de paris, s'établirent commissionnaires au pari mutuel. C'est-à-dire que, moyennant un salaire de 2 0/0, ils se chargeaient de porter aux guichets du pari mutuel, sur les hippodromes, les enjeux qu'ils avaient reçus, de leurs clients, à domicile. Le parquet poursuivit ces commissionnaires comme tenanciers de maisons de jeux de hasard ; ils furent acquittés par le tribunal correctionnel de la Seine, puis condamnés par la Cour d'appel de Paris, enfin, après cassation, renvoyés devant la Cour de Rouen où ils furent définitivement acquittés. La Jurisprudence maintenait toujours que le pari mutuel était un jeu de hasard, mais elle ajoutait qu'en vertu des arrêtés ministériels il devenait une loterie autorisée.

Pour être logique, la jurisprudence aurait dû condamner tous intermédiaires au pari mutuel, puisque ces intermédiaires offraient au public de prendre part à une loterie dans des conditions qui n'étaient pas celles prévues dans l'arrêté d'autorisation. Les conditions constitutives étaient modifiées ou altérées, et c'en était assez pour que ces intermédiaires tombassent sous le coup de la loi (1).

Mais, par suite d'une nouvelle contradiction avec ses propres décisions, la Cour de cassation estima qu'il y avait là un usage légitime du contrat de mandat (2), et la cour de renvoi confirma cette manière de voir en décidant que le pari mutuel était une loterie, dont les tickets pouvaient être pris aux guichets installés à cet effet sur l'hippodrome, soit par soi-même, soit par l'intermédiaire d'un tiers dont l'intervention n'était pas interdite par les règlements (3). »

Or cette pratique était de nature à développer la passion du jeu de la manière la plus fâcheuse, car elle mettait à la disposition des parieurs, sans dérangements et sans frais, le moyen de parier aux courses, sans interruption, elle incitait le petit parieur à apporter ses économies, elle facilitait le jeu sous sa forme la plus dangereuse, et constituait ainsi un véritable danger social.

L'administration intervint de nouveau et, par un arrêté du 21 juin 1890, le ministre de l'intérieur décidait que les sociétés de courses de chevaux dûment

1. Cf. Rapport du conseiller Larouverade. Cass. 3 mars 1889. S. 1890, 1, 236.

2. Cass. 3 mars et 7 juin 1889. S. 1890, 1, 237.

3. Rouen, 3 août 1889. S. 1890, 2, 101.

autorisées par les arrêtés particuliers, à organiser le
pari mutuel simple sur leurs hippodromes, seraient
rigoureusement astreintes à conduire personnellement,
par des employés spéciaux agissant sur l'hippodrome
pour leur compte et à leur place, toutes les opérations
relatives au pari (art. 1). Il interdisait en outre de participer au pari par l'entremise de mandataires au
moyen de commissions données en dehors des champs
de courses, et arrêtait en conséquence que toute agence servant d'intermédiaire entre les sociétés de courses
et le public devait cesser ses opérations, sous peine
d'être poursuivie, pour infraction au présent arrêté et
à la loi du 21 mai 1836.

Cet arrêté était parfaitement illégal, en tant qu'il
vise la loi de 1836 pour les motifs que nous avons indiqués plus haut, aussi ; quand il s'agit de le faire exécuter, certains commissionnaires résistèrent.

Cette fois l'œuvre arbitraire de l'administration allait
s'effondrer. « Le Tribunal, pour arriver à réprimer la
commission au pari mutuel, dut se placer à un nouveau
point de vue juridique et déclara alors que le pari mutuel, organisé, sur les hippodromes, par les sociétés
de courses, ne pouvait être assimilé à une loterie régulièrement autorisée, puisqu'il ne remplissait pas les
conditions prescrites par l'art. 1er de l'ordonnance de
1844 aux termes duquel une autorisation serait néces-

saire pour chaque journée de courses, et même pour chaque course, que, le pari mutuel ainsi organisé n'étant pas licite, la commission ne l'était pas davantage ». C'est la dernière étape de la jurisprudence, conclut M. Riotteau. « En s'engageant dans cette voie, elle mettait en cause la légalité même des autorisations délivrées par le gouvernement, et à l'abri desquelles les sociétés pouvaient se croire en règle avec la loi » (1).

En présence de cette situation, le ministre de l'intérieur ne voulut pas prendre la responsabilité des sommes considérables qu'avait produites le prélèvement opéré sur les mises du pari mutuel. Un projet de loi fut déposé par le gouvernement à l'effet de régler la centralisation et le mode de répartition des fonds provenant de ces prélèvements sur le pari mutuel.

Mais, le 28 février 1891, la Chambre des députés refusa de passer à la discussion des articles. Beaucoup de députés interprétaient le projet de loi comme le rétablissement officiel des jeux publics, d'autres y voyaient une sanction légale donnée au jeu, dont la réglementation devait rester selon eux une simple question de police.

A la suite de ce vote, le ministre de l'intérieur or-

1. Riotteau. *Rapport à la Chambre des députés*, 30 avril 1891 n° 1389, p. 14.

donna la disparition immédiate de tous les signes extérieurs du pari mutuel et du pari à la cote sur les hippodromes. Cette mesure eut un effet plus désastreux encore qu'en 1887. Les sociétés de courses firent des pertes énormes (1). De nouveau les efforts accumulés depuis de longues années se trouvaient compromis.

Le 13 mai 1891, M. Paulmier n'hésita pas à inter-

1. Le Dimanche 22 Mars 1891 la somme produite par les entrées des spectateurs sur l'hippodrome de Longchamps est de 50,000 francs, au lieu de 114,000 à la même réunion en 1890.

Le Dimanche 5 avril elle n'est que de 77,000 francs au lieu de 112 000 le même jour en 1890.

Le 12 avril, la somme des entrées s'élève à 60,000 francs l'année précédente, elle avait été de 85,000.

Sur le champ de Courses d'Auteuil.

Le Dimanche 3 Mars 1891 les entrées se montent à 33,000 francs le dimanche précédent elles s'étaient élevées à 91,000 francs.

Le Dimanche 15 Mars 1891 la recette n'est que de 40,000 francs l'année précédente elle avait été de 80,000. Néanmoins 50,000 francs de prix ont été distribués.

Le Jeudi 19 Mars. La recette est de 20,600 contre 36,400.

Il en est de même sur l'hippodrome de Vincennes.

La recette du Lundi 23 Mars est de 15,000 francs, contre 28,000 en 1890, la somme des prix distribuée est pourtant de dix-sept mille francs.

Lundi 11 Mai 1891, les entrées ne produisent que 6,200 ; en 1890 elles avaient donnée 16,000. Les prix accordés à cette réunion s'élèvent à 10,500.

peller à ce sujet le gouvernement. Le Ministre de l'Agriculture intervint au cours de la discussion de l'interpellation ; il reconnut que les progrès du jeu dont on s'alarmait à juste raison tenaient en grande partie à l'abus fait de l'institution des courses, et il s'engagea à déposer, dès le lendemain, un projet de loi réglementant, non plus l'emploi des fonds provenant du pari mutuel, mais l'autorisation et le fonctionnement des courses de chevaux.

C'est ce projet, devenu loi le 2 juin 1891 qui régit les courses à l'heure actuelle.

Notre but est d'analyser ses dispositions, d'en critiquer les effets et d'indiquer les réformes qui nous paraissent nécessaires.

Nous diviserons notre étude en deux parties :

*Première partie.* — Des paris sur les courses de chevaux au point de vue du droit privé.

*Deuxième partie.* — Des paris sur les courses de chevaux au point de vue du droit pénal.

# PREMIÈRE PARTIE

---

## CHAPITRE I

### Règles générales régissant le jeu et le pari.

« Le jeu est une convention d'après laquelle les parties assurent à l'une d'elles un gain déterminé, qui dépend de l'adresse, de l'agilité ou même très souvent du hasard. »

« Le pari est aussi une convention, d'après laquelle chacune des parties doit obtenir un gain déterminé dans le cas où un fait qu'elle a déclaré avoir existé ou devoir se produire vient à être réalisé (1). »

Le jeu ou le pari forme un contrat aléatoire. L'article 1964 du Code civil le mentionne, en effet, dans son énumération.

---

1. Dalloz, *Répertoire, Alph.* V. *Jeu et pari.*

« Le contrat aléatoire est une convention réciproque dont les effets, quant aux avantages et aux pertes, soit pour toutes les parties, soit pour l'une ou plusieurs d'entre elles, dépendent d'un évènement incertain ;

« Tels sont le contrat d'assurance, le prêt à la grosse aventure, le jeu et le pari, le contrat de rente viagère. »

Mais après l'avoir qualifié de contrat, la loi le déclare expressément dépourvu de sanction.

Aux termes de l'article 1965 du Code civil, « La loi n'accorde aucune action pour une dette de jeu ou le paiement d'un pari ». Néanmoins en vertu de l'article 1967 : « Dans aucun cas, le perdant ne peut répéter ce qu'il a volontairement payé à moins qu'il n'y ait eu de la part du gagnant dol, supercherie ou escroquerie ».

Le Code civil formule donc deux règles très nettes :

*Première règle.* — « Le jeu ou le pari forme un contrat qui n'est sanctionné par aucune action.

*Deuxième règle.* — Le jeu ou le pari peut faire l'objet d'un paiement valable.

Nous allons étudier séparément les motifs, l'étendue d'application et les conséquences de chacune de ces deux règles.

Section I. — *Première Règle.*

Le jeu ou le pari forme un contrat qui n'est sanctionné par aucune action.

Que le jeu ou le pari forme un contrat, ce n'est pas douteux puisque l'article 1964 du Code civil le dit formellement en mentionnant le jeu ou le pari au nombre des contrats aléatoires. Mais l'obligation qui dérive de ce contrat n'est sanctionnée par aucune action.

La même règle se retrouve dans les principaux codes étrangers.

1° *Code civil italien.* — Article 1802. « La loi n'accorde aucune action pour le paiement d'une dette de jeu ou d'un pari ».

2° *Code civil espagnol.* — Art. 1798. « La loi n'accorde pas d'action pour réclamer ce que l'on gagne dans un jeu de fortune, de chance ou de hasard. Toutefois le perdant ne peut jamais répéter ce qu'il a volontairement payé à moins qu'il n'y ait eu fraude ou qu'il ne soit mineur ou incapable d'administrer ses biens ».

Art. 1799. — « La disposition de l'article précédent sur le jeu est applicable au pari ».

3° *Code civil portugais.* — Article 1341 : « Le contrat de jeu n'est pas un mode licite d'acquisition ».

Article 1542. « Les dettes de jeu ne peuvent être réclamées en justice, lors même qu'elles seraient déguisées sous la forme d'un autre contrat ou d'une novation ; cependant, si le joueur a payé ce qu'il a perdu il ne pourra ensuite répéter ce qu'il aura versé, sauf :

1° Au cas de dol ou de fraude de l'autre partie, ou lorsqu'on est en présence d'un fait de la nature de ceux qui conformément aux règles générales s'opposent à ce qu'un contrat produise ses effets.

2° Si la somme ou la chose ont été payées par suite de perte dans un jeu de hasard.

§ 1. — On appelle jeu de hasard celui dans lequel la perte ou le gain dépendent uniquement du sort et non des combinaisons dues au calcul ou à l'habileté du joueur.

§ 2. — La restitution de l'argent prêté pour un jeu de hasard, au moment même de ce jeu, ne peut non plus être réclamée.

Article 1543. — Les dispositions des articles précédents sont applicables aux paris.

4° *Code civil allemand*, article 762. « Le jeu ou le pari ne peuvent servir de fondement à une obligation.

Ce qui a été prêté en conséquence ne peut cependant être répété.

Ces dispositions s'appliquent aussi à une convention par laquelle celui qui a perdu, souscrit, au profit de celui qui a gagné, une obligation pour l'exécution de la dette de jeu ou de pari, notamment une reconnaissance de dette·».

### § 1. — Quels sont les motifs de cette règle.

Les motifs de cette absence de sanction se trouvent dans ce fait que le jeu ou le pari ne constituait pas, aux yeux du législateur, une cause légalement suffisante. Les travaux préparatoires du Code civil ne nous permettent aucun doute à cet égard.

Portalis, en effet, dans l'exposé des motifs de la loi relative aux contrats aléatoires, exprime cette opinion en des termes qui nous paraissent formels (1). « Le principe que la loi n'accorde aucune action pour dettes de jeu n'est rigoureusement appliqué dans le système du projet de loi qu'aux obligations qui ont leurs sources dans les jeux, dont le hasard est l'unique élément.

Les lois pourraient-elles protéger de telles obligations ?

1. V. Fenet. Exposé des motifs au corps législatif, T. XIV p. 537 et suiv.

Nul engagement valable sans cause, la maxime est incontestable.Or quelle est la cause d'une promesse ou d'une obligation contractée au jeu ? L'incertitude du gain ou de la perte ; il serait impossible d'assigner une autre cause. Nous savons que des évènements incertains sont une matière licite à contrat et que les espérances et les risques peuvent recevoir un prix, mais nous savons aussi qu'il faut quelque chose de plus solide et de plus réel que le désir bizarre de s'abandonner aux caprices de la fortune pour fonder des causes sérieuses d'obligation entre les hommes... Les obligations contractées au jeu n'étant fondées sur aucun motif utile ni raisonnable ne peuvent appeler sur elles la protection du législateur. »

Que font deux joueurs qui traitent ensemble ? Ils se promettent respectivement une somme déterminée ; ils en laissent la disposition à l'aveugle arbitrage du hasard, où est donc la cause de l'engagement ?

« On ne peut donc trouver dans les promesses et les contrats dont nous parlons une cause capable de les rendre vraiment obligatoires.

Sans doute le jeu peut n'être qu'un délassement, et, dans ce cas, il n'a rien d'odieux ni d'illicite, mais il est également vrai, que sous ce rapport, il ne saurait être du ressort des lois, il leur échappe par son objet et son peu d'importance. Le jeu dégénère-t-il en spéculation

de commerce, nous retombons dans la première hypothèse que nous avons posée, car dès lors, si les obligations et les promesses présentent un intérêt assez grave
pour alimenter une action en justice, elles offrent une
cause trop vicieuse pour motiver et légitimer cette action».

La même conception du défaut de cause dans les obligations nées du jeu ou du pari nous paraît affirmée
aussi par te tribun Duveyrier dans son discours au corps
législatif (1).

« Le jeu.... ce monstre antisocial, bien qu'il affecte
la figure et le maintien d'un contrat, ne mérite pas sans
doute la protection que la loi doit aux conventions. Je
parle ici de la loi civile qui ne peut s'en occuper que
sous le rapport prétendu entre ces folles conventions
et le lien légitime d'un engagement réciproque. Et,
sous ce rapport, la loi civile doit seulement le dédaigner, le méconnaître, lui refuser son appui, laissant
seulement à la police le devoir de réprimer ses dé-
sordres, de le poursuivre, de l'étouffer dans ses repai-
res, et à la justice criminelle le soin de punir ses fu-
reurs ».

Des explications de Portalis et de Duveyrier, ainsi
que du texte du code, il nous paraît résulter que le

1. V. Fenet, T. XIV.

jeu ou le pari engendre certainement une obligation, mais que cette obligation ne peut être sanctionnée, par une action. En effet l'obligation n'est ni naturelle, ni illicite, il y a contrat et par suite obligation, seulement cette obligation est inopérante.

Cette manière de voir est d'ailleurs conforme à la tradition historique.

L'ordonnance de Moulins (5 février 1566), décidait dans son article 59 : « Et parce que nous avons entendu que plusieurs de nos sujets mineurs et en bas âge ont esté tirez par induction à jeux de hasard, auxquels ils ont perdu et consommé leur jeunesse et substance : avons ordonné que les deniers et biens perdus en tels jeux pourront estre répétés par les dits mineurs, leurs pères, mères, tuteurs et curateurs ou proches parents, et voulons iceux biens leurs être rendus pour employer au profit desdits mineurs, et éviter leur ruine et destruction sans par ces présentes approuver tels jeux entre majeurs pour le regard desquels entendons les ordonnances de nos prédécesseurs estre gardées, et y estre tenue la main par nos juges ainsi que la matière y sera disposée ».

L'ordonnance de 1629 paraît, il est vrai, édicter une règle plus sévère, dans l'article 138 : « Déclarons toutes dettes contractées pour le jeu nulles, et toutes obligations et promesses, quelques déguisées qu'elles soient,

nulles, et de nul offre et déchargées de toutes obligations civiles et naturelles. Voulons que contre icelles
le fait du juge soit reçu nonobstant toutes ordonnances
à ce contraire, auxquelles nous avons dérogé et déro-
geons pour ce regard. Voulons et ordonnons que toutes
les dites promesses soient cessées, et les porteurs d'i-
celles, soit le premier créancier ou le cessionnaire,
soient non seulement déboutés de leur demande à fin
de payement des sommes portées par lesdites promesses, mais aussi étant prouvé qu'elles viennent de jeu,
condamnés envers les pauvres, en pareille somme que
sera celle contractée aux dites promesses. Défendons
à toute personne de prêter argent, pierreries ou autres
meubles pour jouer, ni répondre pour ceux qui jouent,
à peine de la perte de leurs dettes, et nullités des
obligations, comme dit est, de confiscation, de corps et
de biens, comme séducteurs et corrupteurs de la jeunesse et causes de maux innombrables que l'on voit
provenir chaque jour. » Mais nous savons que cette
ordonnance n'a pas été enregistrée par tous les parle-
ments et qu'elle n'a pas été observée bien exactement. »

Une déclaration du roi en date du 1ᵉʳ mars 1781,
enregistrée au parlement le 2 mars, nous paraît au
contraire, exprimer très exactement les principes de
l'ancien droit sur notre sujet, article 10. « Déclarons
nuls et de nul effet tous contrats, obligations, promes-

ses, billets, ventes, cessions, transports, et tous autres actes de quelque nature qu'ils puissent être ayant pour cause une dette de jeu, soit qu'ils aient été faits par des majeurs, ou des mineurs. »

Des observations qui précèdent nous croyons qu'il y a lieu de conclure au rejet des trois systèmes suivants.

1° Le système d'après lequel le jeu ou le pari serait tellement illicite qu'il ne constituerait pas à vrai dire un contrat, mais une opération complètement dénuée d'effets (art. 1131 C. civil) (1).

Cette opinion pourrait trouver quelques points d'appui sur quelques mots de Siméon : « Le jeu n'est pas une cause licite d'obligation, parce qu'il n'est pas nécessaire, qu'il n'est pas utile, et qu'il est extrêmement dangereux » (2).

Mais ces paroles sont trop en contradiction avec l'exposé des motifs adopté par le Conseil d'Etat et avec les paroles du rapporteur au corps législatif pour constituer un argument sérieux.

1. Il semble bien que c'est là le système adopté par la législation allemande : le jeu ne peut produire aucune obligation, cependant le Code civil allemand ne dit pas expressément si c'est à raison du caractère illicite de cette opération. Le Code civil portugais dit formellement, au contraire que le contrat de jeu n'est pas un mode licite d'acquisition.

2. Rapport au tribunat, Fenet, t. XIV, p. 650.

Abstraction faite d'ailleurs des travaux préparatoires, ce système est en contradiction formelle avec le texte de l'art. 1964 du Code Civil, qui range le jeu et le pari parmi les contrats, celui de l'article 1965 du Code Civil qui n'accorde pas d'action pour une *dette* du jeu, enfin avec l'article 1967 ainsi que nous le verrons plus loin, et par suite avec l'article 1131. Il faut donc le rejeter; il est d'ailleurs unanimement abandonné de nos jours.

2° Un second système d'après lequel, l'obligation, qui naît à la charge du perdant, est une obligation naturelle dont le seul effet est de valider le paiement que celui-ci peut avoir fait.

C'est l'opinion des principaux commentateurs du Code civil, Pothier, de Toullier, de Larombière, Laurent, Guillouard, Baudry-Lacantinerie etc, (1).

Le principal argument sur lequel s'appuie ce système consiste dans le rapprochement de l'article 1967, C. civ. et de l'article 1235, alinéa 2, aux termes duquel la répétition n'est pas admise à l'égard des obligations naturelles qui ont été volontairement acquittées. Mais la loi ne définit pas l'obligation naturelle, et la jurispru-

---

1. Le Code Italien et le code espagnol reproduisent les mêmes règles que le notre, les commentateurs de ces codes paraissent avoir adopté cette opinion.

dence n'a pas encore établi une complète uniformité dans ses décisions à cet égard.

Aubry et Rau au contraire établissent une distinction très nette, un contraste absolu entre les obligations naturelles proprement dites, et certains devoirs de conscience, d'équité, de délicatesse ou d'honneur, suffisant eux aussi pour servir de cause à un paiement valable.

Or la dette résultant du jeu ou du pari ne rentre-t-elle pas dans cette deuxième catégorie ?

Nous l'admettons sans hésiter, car il nous paraît impossible de voir une obligation naturelle dans une dette qui ne peut être acquittée par un tiers, dans une dette qui ne peut faire valablement l'objet ni d'un cautionnement, ni d'une promesse de payer, ni peut-être même d'une novation (1), et qui, enfin, ainsi que le fait remarquer M. Pilette, n'est pas susceptible de restitution, simplement pour cause d'erreur (2).

L'article 1967 du Code civil décide en effet, qu'il faut qu'il y ait dol, supercherie, ou escroquerie.

Ce système se trouve donc en contradiction avec les principes généraux, qui régissent les obligations, na-

---

1. Voir note de M. L. Balleydier sur les obligations nature lles.

8. Cass. 5 avril 1892. Sirey. 1895.1.129.

2. Pilette. *Revue pratique*, 1863, p. 442 et 443.

turelles. D'ailleurs les explications de Portalis que nous avons données plus haut ne permettent pas de l'admettre.

3° Un troisième système soutient qu'il y a lieu de distinguer selon que les enjeux sont considérables ou non. Si le jeu est renfermé dans de justes bornes, il est un contrat licite, il a une cause réelle, et une cause honnête. Il oblige naturellement.... Quand le jeu est une spéculation intéressée, ce n'est pas la raison, mobile intéressé des contrats, qui y conduit, c'est la passion. Alors le contrat devient illicite, il est contraire aux mœurs ; il n'engendre pas d'obligation naturelle (1).

Cette affirmation nous paraît doublement inexacte ; d'une part, parce que dans aucun cas il n'y a d'obligation naturelle, ainsi que nous venons de le dire plus haut, d'autre part, parce que la distinction proposée est en contradiction avec les termes de l'article 1967, et que l'article 1966, dernier alinéa, n'est pas applicable au jeu et au pari en général. Rien, ni dans le texte de la loi, ni dans son esprit ne permet d'admettre ce système pas plus que les précédents.

Nous croyons donc que la dette résultant du jeu ou du pari est une obligation civile, qui n'est pas munie d'action.

---

1. Troplong. *Des contrats aléatoires*, n° 189, et suivants.

Cette opinion a été déjà présentée par quelques auteurs (1) mais les moyens de justification que nous présenterons sont différents. Pour nous, c'est dans la théorie de la cause que nous chercherons l'explication de notre règle, mais ce n'est, ni dans le défaut de cause ni dans le caractère illicite que nous la trouverons.

La cause est le but immédiat et par conséquent essentiel en vue duquel on contracte ; par suite dans tout contrat synallagmatique, l'obligation de chacune des parties a pour cause l'obligation de l'autre partie.

Dans le jeu et le pari, la cause de l'obligation du perdant est l'obligation contractée par le gagnant de payer l'enjeu, au cas où le jeu lui serait défavorable à raison du caractère aléatoire du contrat, ce n'est pas une obligation ferme, c'est une obligation conditionnelle :

Sans doute l'événement de la condition qui rend définitive l'obligation du perdant a pour effet de résoudre l'obligation du gagnant qui lui servait de cause, mais l'effet rétroactif ne peut empêcher qu'en fait le gagnant

---

1. Voir Paul Pont *Petits contrats* 1.N° 683. Pilette, *Revue pratique*, 1863, p. 442. Frèrejouan du Saint N° 17 et 11.

ne se soit obligé et que son obligation ait pu servir de cause à la dette de jeu, cette dette a donc une cause.

D'autre part cette cause n'est pas illicite ; le jeu n'est pas immoral en lui-même, il est simplement dangereux à raison des ruines imprévues qu'il peut entraîner, et, à certaines époques, ce qui a paru le plus sûr moyen de remédier à ces inconvénients, a été de refuser au gagnant tout moyen de contrainte pour se faire payer ; c'est ce qu'a fait notre législateur, et, s'il n'est pas allé aussi loin, c'est qu'il ne considérait pas la dette de jeu comme illicite dans sa cause.

Nous croyons que les rédacteurs du code civil se sont placés à un autre point de vue, ils ont estimé que la cause qui peut déterminer les joueurs à s'obliger, n'est pas une cause suffisante pour engendrer une action, ils n'ont pas admis qu'on put valablement faire l'abandon de sommes considérables contre une chance de gain problématique, la volonté du joueur n'est pas suffisamment déterminée par un équivalent de l'obligation qu'il contracte.

Nous concluons donc en disant que le jeu ou le pari engendre comme tout contrat une obligation mais que cette obligation n'est pas sanctionnée par une action parce qu'elle n'a pas de cause juridiquement suffisante.

§ 2. — **Quelle est l'étendue d'application de cette première règle ?**

Cette première règle s'applique de la même manière au jeu et au pari.

Dans l'ancien droit, le jeu et le pari n'étaient pas soumis aux mêmes règles. Tandis que le jeu était tenu en suspicion, le pari n'était proscrit que lorsqu'il était contraire aux lois et aux bonnes mœurs.

Cette différence de traitement provient, croyons-nous, de ce que le pari, qu'on appelait aussi gageure, était accompagné de l'engagement, entre les mains d'un tiers, des sommes ou objets qui devaient appartenir au gagnant (1).

Sans doute, la jurisprudence en était arrivée à valider certaines gageures alors même que la chose promise n'avait pas été déposée en mains tierces (2). Mais le principe n'en était pas moins que la chose, qui devait faire l'objet du gain, était déterminée par les parties et engagée entre les mains de quelqu'un chargé

1. Guyot. *Répertoire de Jurisprudence*, v° *Gageure*, t. VII. p. 701.

2. Arrêts du parlement de Provence, 16 février 1662 et 27 janvier 1666. *Guyot. Rép. de jur.* v° *Gageure*, p. 701.

de la remettre au gagnant. La survivance de ce principe était si certaine, même dans la dernière période
de l'ancien droit, qu'elle se manifeste dans le langage
du législateur qui parle de *dette* quand il s'occupe du
jeu et de *paiement* quand il s'agit d'un pari.

Malgré cette différence de langage qui rappelle, tout
au moins, une différence de formes ou de conditions
entre les deux conventions, les rédacteurs du Code
Civil ont appliqué la même règle au jeu et au pari : la
loi n'accorde aucune action pour faire exécuter l'un ou
l'autre de ces contrats.

Portalis, qui a proposé cette confusion des deux conventions à cet égard, s'est peut-être laissé inspirer
surtout par le caractère de l'objet qui peut en effet être
identique dans les deux contrats.

« Le pari, autrement appelé gageure, participe à tous
les vices du jeu, disait-il ; il est gouverné par les mêmes principes, les assurances par forme de gageure
sont même formellement prohibées par l'ordonnance
de la marine 1681. »

Et ce qui nous confirme dans cette manière de voir
c'est l'explication que Siméon donne au tribunat de
cette identification de traitement.« Le gageure ou pari
a les mêmes vices originels et les mêmes dangers que
le jeu ; comme lui elle ne donne aucune action lors-

qu'elle n'a de base que la recherche et l'amour du gain;
comme lui elle est tolérée lorsqu'elle a un objet raisonnable ou plausible, des actes, par exemple, de force
ou d'adresse et qu'elle n'est pas immodérée. »

Quelles que soient les réserves que nous puissions
faire contre la logique de cette législation, nous n'en
devons pas moins reconnaître que la volonté du législateur est formelle et que notre code civil refuse toute
action pour faire exécuter les obligations dérivant du
jeu ou d'un pari.

Les codes civils italien, espagnol, portugais et allemand ont suivi les mêmes principes sur ce point (1).

**§ 3. — Quelles sont les conséquences de cette première règle ?**

Les conséquences de notre système sont les suivantes :

La loi n'accordant aucune action pour sanctionner

1. Il est intéressant de rapprocher des explications de Siméon
les dispositions du code civil espagnole, art. 1799. « La disposition
de l'art. 1798 sur le jeu est applicable au pari. On considère
comme prohibés les paris qui sont analogues aux jeux prohibés. »

les obligations qui dérivent du jeu ou du pari parce que ces obligations n'ont pas de cause juridiquement suffisante, il en résulte que ces obligations ne peuvent faire l'objet d'une novation, ni d'une délégation, ni d'un cautionnement ou d'une hypothèque, ni d'une transaction.

Nous croyons aussi que l'exception donnée au perdant pour repousser l'action quand celle-ci est intentée est une exception d'ordre public, qui, par suite, peut être suppléée par le juge et qui peut être invoquée pour la première fois en appel et même en cassation (1).

La jurisprudence est en majorité dans ce sens, mais ses décisions sont motivées par ce fait qu'à ses yeux le jeu ou le pari a une cause immorale et illicite. A notre avis, au contraire, dans le jeu ou le pari, la cause n'est ni immorale ni illicite, mais la cause est insuffisante pour soutenir une action et, par suite, le juge, qui, dans les cas visés par l'article 1966, C. civ., peut réduire les engagements pris, peut *a fortiori* rejeter la demande quand elle est formulée dans les cas où la loi refuse une action.

D'après ces principes, l'action en justice devra être rejetée, non seulement lorsqu'elle est intentée directe-

1. Fuzier-Hermann. *C. civ. annoté*, art. 465, n⁰ˢ 39 et suiv., 44

ment pour l'exécution d'une dette de jeu ou le paiement d'un pari, mais encore si elle est intentée pour le paiement de billets à ordre souscrits en représentation d'avances ou prêts faits pour le jeu ou le pari (1), pour le remboursement d'avances, frais et salaires réclamés par un mandataire.

Il en serait de même si la dette de jeu était déguisée sous la forme d'un autre contrat (art. 1542. C. civ. portugais). La preuve testimoniale est admise dans tous les cas pour établir qu'une obligation a pour cause une dette de jeu (2).

SECTION II. — Deuxième Règle.

Le jeu ou le pari peut faire l'objet d'un paiement valable.

La même règle se retrouve dans les différents codes étrangers :

1. Le code civil allemand refuse l'action en justice pour sanctionner la convention par laquelle le perdant a souscrit, au profit de celui qui a gagné, une obligation pour l'exécution de la dette de jeu ou de pari, notamment une reconnaissance de dette.

2. Fuzier-Hermann. C. civ. annoté, art. 1965 n<sup>os</sup> 13, 28. 55.

1° *Code civil italien.* L'article 1804, décide que :
« le perdant ne peut dans aucun cas répéter ce qu'il a
volontairement payé à moins qu'il n'y ait eu de la part
du gagnant, dol ou fraude, et que le perdant ne soit
mineur interdit ou frappé d'inhabilitation ».

2° *Code civil espagnol,* article 1798. « Le perdant ne
peut répéter ce qu'il a volontairement payé à moins
qu'il n'y ait eu fraude, ou qu'il ne soit mineur ou incapable d'administrer ses biens ».

3° *Code civil Portugais,* article 1542 : «... ; cependant, si le joueur a payé ce qu'il a perdu, il ne pourra
ensuite répéter ce qu'il aura versé, sauf :

1° Au cas de dol ou de fraude de l'autre partie, ou
lorsqu'on est en présence d'un fait de la nature de ceux
qui conformément aux règles générales, s'opposent à
ce qu'un contrat produise ses effets ;

2° Si la somme ou la chose a été payée par suite de
perte dans un jeu de hasard.

4° *Code civil allemand,* art. 762 : « Ce qui a été
presté en conséquence ne peut plus être répété pour
cause de non existence de l'obligation ».

### § 1. — Quels sont les motifs de cette deuxième règle ?

Etant donné l'opinion que nous avons soutenue et d'après laquelle le jeu ou le pari ne pourrait engendrer qu'une obligation sans cause, légalement insuffisante pour donner naissance à une action, il paraît difficile d'expliquer que le paiement fait volontairement par le perdant ne soit pas susceptible de répétition.

Cette décision se justifie cependant par cette idée traditionnelle, qu'il est du devoir d'un homme d'honneur d'acquitter les dettes de jeu et que ce devoir est d'autant plus strict que la loi ne permet pas d'en demander le paiement en justice : « Dans certaines circonstances, disent Aubry et Rau, le juge est autorisé à maintenir un engagement ou un paiement comme ayant été déterminé par un sentiment individuel d'équité, de conscience, de délicatesse, ou d'honneur ; ce n'est pas à dire pour cela qu'il existe en pareil cas une obligation naturelle, c'est-à-dire un devoir dont le législateur eût pu imposer l'accomplissement à toute personne se trouvant dans la même situation (1) ».

1. Aubry et Rau, t. IV, p. 297.

Il s'agit ici d'un paiement provoqué par un sentiment spécial de délicatesse, d'honneur et par suite la loi a pu, sans contradiction, respecter la volonté du perdant inspiré par de tels sentiments et déclarer valable le paiement fait volontairement, bien que le législateur ne considère pas le joueur qui s'acquitte ainsi comme obligé civilement, ni même naturellement.

On peut ajouter d'ailleurs, que la loi a voulu surtout empêcher l'exécution des obligations dont le débiteur n'avait pas bien mesuré les conséquences parce que l'appauvrissement n'était pas immédiat, mais quand le perdant a payé volontairement, cette observation n'a pas de valeur. Car le perdant a payé au moment même où il jouait et, dans ce cas, l'appauvrissement a été immédiat ; ou il a pu payer plus tard et dans ce dernier cas l'exécution volontaire de sa part prouve que l'appauvrissement n'est pas disproportionné à ses ressources.

Enfin ce qui prouve, que l'absence de toute répétition peut s'expliquer sans recourir à l'idée d'obligation naturelle, c'est le fait que, dans notre ancien droit, la répétition n'était pas admise non plus, or nous savons que dans l'ancien droit l'obligation était sans cause.

Les explications de Portalis sont très nettes sur ce point ; elles ne nous donnent peut-être pas une preuve péremptoire en faveur de notre opinion, mais elles nous montrent d'une manière certaine que le législateur de 1804 a bien voulu maintenir les traditions de l'ancien droit. « On a examiné, dit-il, en terminant ce qui ce regarde le jeu, si, celui qui a volontairement acquitté ce qu'il a promis ou perdu, peut répéter ou faire réduire ce qu'il a payé. On a pensé qu'aucune demande en répétition ou en réduction n'est recevable. Cette décision est conforme à l'ordonnance de Moulins, qui en pareil cas vient seulement au secours des mineurs. « Le droit des majeurs est consommé quand les choses ne sont plus entières, la loi ne saurait les écouter quand ils l'invoquent pour le fait même dans lequel ils l'ont méconnue. Nous ajouterons que le repentir de l'avare qui a payé volontairement une dette de jeu, n'est pas assez favorable pour éveiller l'attention de la justice ».

Le tribun Siméon, n'a pas été beaucoup plus explicite. « Il n'y a pas d'action pour le paiement d'une dette de jeu, de hasard, ou même pour une dette trop considérable résultant d'un jeu licite. Mais si le joueur plus sévère à lui-même que la loi s'est tenu pour obligé si fidèle à sa passion, et délicat dans son égarement, il a acquitté ce qu'il avait témérairement engagé, il ne sera pas reçu à répéter ce qu'il a payé ».

Le tribun Duveyrier, dans son discours au corps législatif, au contraire, nous paraît avoir assuré avec une netteté parfaite les motifs que nous avons indiqués plus haut : « Mais cette restitution générale, chez les Romains, et commune aux majeurs et aux mineurs, blesse assez le premier principe social, le droit de propriété et le sentiment intime d'équité naturelle pour que son examen réfléchi engage aujourd'hui le législateur à ne pas porter si loin un privilège qui aurait au moins, cette conséquence, entre deux hommes coupables de la même faute, de punir l'un et de récompenser l'autre. Vous savez bien que le droit de propriété est la faculté absolue pour tout homme libre de sa volonté et de son jugement d'aliéner, de vendre, d'échanger, de donner, de dépenser tout ce qui lui appartient. La loi civile n'est pas là pour interdire ou réparer les folles spéculations, les libéralités indiscrètes, les dépenses exorbitantes. Elle n'a pas promis d'empêcher et de révoquer les dilapidations volontaires ou simplement imprudentes. Ce qu'un homme a perdu au jeu, et payé il aurait pu le perdre dans toute autre spéculation inconsidérée, il aurait pu le donner.

D'ailleurs, n'a-t-il pas obéi à sa consciensce qu'il serait difficile de contredire, a une certaine délicatesse, qu'on ne pourrait guère condamner, à l'équité naturelle qui toujours impose une exacte réciprocité.

Ce qu'il a perdu, ne voulait-il pas le gagner, ce qu'il a payé, n'avait-il pas l'intention de l'exiger, s'il l'eût reçu aurait-il eu la volonté de le rendre, aurait-il admis l'obligation de le restituer.

Comment donc réformer ce jugement volontaire et juste du perdant, puisque le résultat en est, de s'être imposé lui-même le traitement qu'il voulait subir ? »

Des explications qui précèdent, il résulte que nous devons rejeter sans hésiter, non seulement le système d'après lequel la validité du paiement se justifierait par l'existence d'une obligation naturelle, mais aussi celui d'après lequel, le jeu ou le pari ne constituant pas à vrai dire un contrat mais étant une opération dénuée d'effets propres, si le gagnant peut conserver ce qu'il a reçu, ce serait uniquement par application de la règle : *in pari causa melior est causa possidentis* (1).

Il en résulte aussi que, la validité de l'exécution volontaire d'une dette du jeu ou du paiement volontaire d'un pari trouvant sa cause dans la satisfaction d'un

---

1. Ce système paraît avoir été adopté par le code civil allemand. L'art. 747 de ce code réserve le droit à la répétition si le fait d'avoir accepté la prestation constitue pour celui qui l'a reçue un fait contraire aux mœurs ; s'il y avait immoralité des deux côtés, aussi bien dans le fait du *solvens* d'avoir payé que dans celui pour l'autre d'avoir accepté le paiement, la répétition serait exclue. Saleilles. *Essai d'une thèse générale de l'obligation d'après le projet de code civil allemand*, n° 348, p. 417.

sentiment part'culier de délicatesse et d'honneur, cette exécution volontaire constitue, non une libéralité, mais un acte à titre onéreux.

Certains auteurs ont voulu soutenir le contraire : « la non répétition ne pourrait-elle s'expliquer par cette considération que le prétendu solvens, déterminé par des motifs ou des scrupules quelconques, a effectué une prestation ayant les apparences d'un paiement, en sachant très bien qu'il n'était tenu de le faire ni en droit ni en fait ? Dans ce cas, le *solvens* entendait s'interdire toute répétition. Il a fait ce qu'on appelle, en définitive, une libéralité, c'est-à-dire qu'il a procuré à quelqu'un un avantage *nullo jure cogente* ? ».

Mais il suffit d'indiquer les conséquences d'un pareil système pour montrer qu'il est inadmissible. Si le paiement d'une dette de jeu constitue une libéralité, il faudrait décider que cette libéralité est soumise aux règles concernant la réserve, le rapport, et même la caducité des donations, notamment en cas de survenance des enfants. Ce serait absurde. Rien d'ailleurs, dans les traditions historiques ne permet de justifier cette manière de voir.

Il faut donc rejeter nettement l'idée que le paiement volontaire d'une dette de jeu constitue une libéralité. Le seul fait que le perdant paie volontairement montre

1. Huc. *Thèse Paris*, 1894, p. 101.

qu'il considère sa prestation comme l'équivalent de l'obligation qu'avait contractée son adversaire vis-à-vis de lui, par conséquent qu'il s'agit bien d'un acte à titre onéreux (art. 1104 et 1106, C. civ.).

Dans le même ordre d'idées, la jurisprudence a considéré comme dettes à titre onéreux l'engagement contracté par l'une des parties, qui ont figuré dans un contrat, d'indemniser son co-contractant d'une lésion que celui-ci a éprouvée et qui ne peut donner lieu à rescision (1), le paiement à un ancien créancier d'une indemnité par un débiteur qui s'était libéré en assignats dépréciés ou encore les rétrocessions ou engagements consentis par les acquéreurs de biens nationaux au profit des anciens propriétaires de ces biens (2).

Dans tous ces cas là, nous retrouvons un élément commun : le désir de ne pas s'enrichir aux dépens d'autrui, de ne pas garder un bénéfice sur lequel le gagnant avait dû légitimement compter et cette considération suffit à donner à ce paiement volontaire le caractère d'un acte à titre onéreux.

1. Cass. req. 10 déc. 1851. D. 1851, 1, 41.
2. Cass. req. 21 nov. 1031. S. 1832, 1. 384. Cass. reį. 23 juillet 1833. S. 1833, 1, 535. Grenoble, 25 avril 1809. S. 1810, 2, 353.

## § 2. — Quelle est l'étendue d'application de cette deuxième règle ?

L'article 1967, C. civ., dit que : « dans aucun cas, le perdant ne peut répéter ce qu'il a volontairement payé, à moins qu'il n'y ait eu, de la part du gagnant, dol, supercherie ou escroquerie ».

Nous n'avons pas besoin d'indiquer ici ce qu'il faut entendre par dol, supercherie ou escroquerie, ce sont les principes du droit commun qu'il y a lieu d'appliquer ici.

Mais il est nécessaire de bien préciser ce que la loi entend ici par paiement volontaire.

Par paiement la loi entend ici la remise au gagnant par le perdant des objets prévus dans la convention, c'est-à-dire un acte qui dépouille ce perdant immédiatement de tous ses droits sur les dits objets.

Par paiement volontaire, la loi entend viser le paiement fait par une personne capable qui, agissant librement et ayant connaissance de la véritable nature de la dette, a eu néanmoins l'intention de la payer (1).

1. Fuzier-Hermann. *C. civ. annote*, art. 1967 n°ˢ 62 et suiv.

Étant donnés les termes de la loi, nous voyons que le payement fait dans ces conditions peut seul éteindre définitivement la dette de jeu et empêcher ainsi toute répétition dans l'avenir.

En conséquence, nous croyons qu'aucun autre mode d'extinction des obligations ne peut remplacer le paiement.

Nous avons déjà dit plus haut que la dette de jeu ou le pari n'était susceptible ni de novation, ni de cautionnement ou d'hypothèque (1). Nous pouvons ajouter qu'une dette de ce genre ne peut pas non plus faire l'objet d'une compensation légale, car ici l'extinction s'opère de plein droit, en dehors de la volonté des parties ; mais nous croyons même que la dation en payement ne peut produire les mêmes effets que le payement.

Dans l'ancien droit, une déclaration du 1er mars 1781 déclarait nulles les ventes, cessions, etc., ayant pour cause une dette de jeu, c'est-à-dire les dations en paiement faites en vue d'éteindre une dette de jeu. Nous ne contesterons pas l'opinion de la plupart des auteurs qui croient que la déclaration du 1er mars 1781 n'a plus force de loi, mais nous répudions sans hésiter l'opinion d'après laquelle la dation en payement

1. Voir page 43.

devrait être assimilée à un payement véritable (1).

Il n'est pas douteux que la dation en payement est considérée dans notre droit comme une vente suivie de compensation (2), et, par conséquent, nous ne trouvons pas là le dépouillement volontaire qui doit être effectué par le perdant pour mettre fin à son action en répétition.

Mais nous croyons au contraire que la cession de créances peut être considérée comme équivalente à un payement, à la condition cependant qu'elle ait été suivie de la remise ces titres et qu'elle ait été rendue définitive à l'égard de tous. Alors, en effet, le perdant s'est dépouillé volontairement et irrévocablement de tous ses droits sur la valeur représentative de ces titres, sur la somme d'argent qu'ils devaient lui procurer : ce qui équivant à un payement.

Tout autre serait l'effet de la remise de billets à ordre en payement de dette de jeu ; dans ce cas, en effet, il n'y a pas payement, mais simple promesse de payer. Or, « autre chose est de payer immédiatement autre chose de s'obliger à verser, dans un délai plus ou moins éloigné, une somme que l'on n'est pas certain de posséder. Tel qui hésitera à sacrifier séance

1. Aubry et Rau. § 386, t. IV. p. 577.
2. Argument de l'art. 2038. C. civ.

tenante une partie de sa fortune l'engagera tout entière dans l'avenir sans aucun remords et dans l'espoir de voir un jour le gain compenser sa perte » (1). Le perdant, qui a ainsi souscrit des billets à ordre, peut les revendiquer entre les mains de celui qui les a endossés, l'exception de jeu pourra être opposée aux cessionnaires de complaisance ; si le porteur est de bonne foi, s'il a ignoré la cause véritable de l'engagement, le perdant pourra être obligé de payer les billets qu'il aura souscrits, mais il aura une action en répétition contre le gagnant.

Nous croyons donc que l'art. 1965, c. civ., exige un payement réel, effectif et volontaire pour mettre fin à l'action en répétition, mais le payement peut être valablement fait par anticipation.

« Lorsque les enjeux ont été mis sur table ou confiés à un tiers, le dépôt constitue un payement anticipé, fait sans condition, et le gain de la partie attribue définitivement au gagnant la propriété de l'objet du perdant. Le gagnant aurait, pour réclamer cet enjeu, une action en restitution contre le perdant qui le retirerait après la partie, ou contre le tiers dépositaire qui refuserait de le lui remettre ». Et la raison de cette décision est que « le gagnant qui réclame la

---

1. Fréréjouan du Saint. *Du jeu et du pari*, n° 55.

remise de l'enjeu n'exerce plus une action pour dette de jeu ; il fait simplement valoir un *droit de propriété* (1) ».

La Cour de Cassation a très justement consacré ces principes en décidant que les dispositions du Code civil qui refusent aux parties toute action pour une dette de jeu sont inapplicables au cas où la propriété d'un enjeu (dans l'espèce, il était mis sur une table de baccara) est acquise au gagnant par le fait seul du gain de la partie (2).

Ce que la loi paraît donc exiger essentiellement c'est que le perdant se rende compte de l'appauvrissement que lui cause le jeu ou le pari qu'il fait, et qu'il en accomplisse le sacrifice en pleine connaissance de cause.

La disposition de l'article 1967, C. civ., ne s'applique donc strictement qu'au payement volontaire de l'obligation qui a fait naître le jeu ou le pari ; elle ne s'étend à aucun autre mode d'extinction des obligations.

1. Aubry et Rau, t. IV, p. 578, § 386, texte et note 20.
2. Cass. 26 février 1892, S. 1892.1 01.

### § 3. — Quelles sont les conséquences de cette deuxième règle.

Les conséquences de ce que les dettes de jeu ou les paris peuvent faire l'objet d'un payement valable sont les suivantes :

En premier lieu, l'article de 1967, C. civ. nous dit que le perdant ne peut répéter ce qu'il a volontairement payé. Par son payement volontaire, il a exécuté l'obligation du jeu ou du pari, il l'a éteinte et tout moyen légal de rentrer en possession des objets qu'il a perdus lui est désormais refusé.

En second lieu, les sommes que le perdant a volontairement payées en exécution d'une obligation de jeu ou de pari, appartiennent désormais au gagnant qui les a reçues, soit directement, soit par l'intermédiaire d'un tiers, et cependant il commettrait un vol s'il reprenait frauduleusement les sommes qu'il a ainsi payées (1).

---

1. Cass. 26 février 1892, S. 1-601. Cet arrêt décide, avec raison, qu'il y a délit de vol dans le fait d'un individu qui prenant part à une partie de baccara, et ayant mis sur table comme enjeu un billet de mille francs, en déclarant expressément qu'il l'exposait en totalité, a frauduleusement repris le billet après que le coup avait été joué et gagné par le banquier, en prétextant qu'il n'avait entendu l'exposer que jusqu'à concurrence de cent francs.

# CHAPITRE II

## Règles spéciales applicables aux paris
## sur les courses de chevaux.

Nous avons vu que la loi n'accorde aucune action pour une dette de jeu, ou le paiement d'un pari art. 1965 du code civil.

Cette règle générale comporte une exception importante dont l'application présente le plus grand intérêt en notre matière. En vertu de l'article 1966 du code civil. « Les jeux propres à exercer au fait des armes, les courses à pied, ou à cheval et autres jeux de même nature qui tiennent à l'adresse et à l'exercice du corps sont exceptés de la disposition précédente (de l'article 1965). L'article 1966, contient cependant une sage restriction. « Néanmoins, dit-il, le tribunal peut rejeter la demande quand la somme lui paraît trop excessive ».

Mais l'article 1967, qui est certainement applicable à cette dernière disposition décide, que, dans « aucun cas, le perdant ne peut répéter ce qu'il a volontaire-

ment payé, à moins qu'il n'y ait eu de la part du gagnant dol, supercherie ou escroquerie ».

Le principe est donc, en ce qui concerne notre sujet
que les courses à pied ou à cheval sont exceptées des
dispositions de l'article 1965, du Code civil, en d'autres
termes que la loi accorde une action pour les dettes
de jeu ou pour le paiement d'un pari, quand c'est à
l'occasion des courses à pied ou à cheval que le jeu
ou le pari a eu lieu. Portalis dans son exposé des
motifs au conseil d'Etat, justifie cette exception par
l'utilité de ces jeux. « En refusant en général, toute
action pour promesses, contractées au jeu nous avons
excepté de cette disposition les engagements et les
promesses qui ont leur source dans des jeux d'adresse
et d'exercice. Ces sortes de jeu sont utiles ; on les a
peut-être trop négligés dans nos temps modernes.

« Cependant d'après une jurisprudence constante,
nous avons autorisé les tribunaux même quand il s'agit
de payement des promesses ou obligations produites
par ces sortes de jeux à rejeter la demande si la somme
réclamée leur paraît excessive. Les motifs adoptés par
le projet de loi sont évidents. On conçoit que des
citoyens qui jouent à un jeu d'adresse ou d'exercice
peuvent, pour soutenir entre eux l'émulation et l'intérêt,
sipuler un prix pour le plus adroit ou le mieux exercé,
mais si le gain ou le prix convenu est immodéré, il

devient illicite, parce que dès lors la cause d'un tel
gain cesse d'être proportionnée à l'objet qui doit le
produire. Le jeu quel qu'il soit n'est qu'une récréation
et il y aurait du danger à le laisser dégénérer en commerce. Tous les gains, qui passent certaines bornes,
sont injustes parce qu'ils n'ont point d'autres causes
que la corruption du cœur et l'égarement de l'esprit ».

Le tribun Siméon indiquait les mêmes motifs d'utilité pour justifier cette disposition. « Les jeux d'exercices, ceux qui ne sont pas fondés sur le pur hasard et
auxquels se mêlent des calculs, et des combinaisons,
ces jeux sont utiles, les uns à développer les forces
physiques, les autres à exercer les forces intellectuelles, ils offrent un délassement avantageux, et quelquefois nécessaire. Ils ne sont pas dangereux parce
qu'ayant un attrait qui leur est propre, on n'a pas besoin
de leur en créer un dans un prix excessif ; et si on
venait à l'y mettre les tribunaux pourraient le retran-
cher, et traiter comme prohibés des jeux licites dans
lesquels, on se serait exposé comme dans ceux de hasard à des pertes ruineuses. »

Cette faveur spéciale accordée aux courses à cheval
était déjà admise par le droit Romain soit pour le jeu:
« Senatus consultum vetuit in pecuniam ludere, præ-
« terquam, si quis cestet, hasta, vel hilo jaciendo vel
« currendo, saliendo, jactando, pugnando quod virtu-

« tis causa fiat (1) ; soit pour le pari : « In quibus
« rebus ex lege Titia et Publicia et Cornelia etiam
« sponsionem facere licet sed ex aliis pro virtute certa-
« men non fit ».

Justinien dont la législation est pourtant très sévère
pour toute espèce de jeux, maintint cette exception en
faveur des jeux d'adresse seulement. Mais tandis que
l'ancien sénatus consulte avait permis de jouer de l'argent à ces jeux, sans limiter la somme, Justinien décida
qu'on ne pourrait plus jouer qu'un écu d'or par partie.

Si nous jetons les yeux sur les législations étrangères, nous trouvons, encore les mêmes dispositions de
faveur.

1° *Dans le Code Civil Italien, art.* (1803) « sont exceptés les jeux qui contribuent à l'exercice du corps ;
tels que ceux qui rendent habile au maniement des
armes aux courses de chariot, au jeu de paume et aux
autres jeux de même nature.

« Néanmoins l'autorité, judiciaire peut rejeter la demande lorsque la somme employée au jeu lui paraît
excessive ».

Il en est de même *dans le Code civil Espagnol* aux termes de l'art. 1800. « On ne considère pas comme prohibés les jeux qui contribuent à exercer le corps comme

---

1. Paul. Loi 2, § I. Dig. *De alcatoribus.*

ceux qui ont pour objet, de se former au maniement des armes, les courses à pied, à cheval, en voiture, le jeu de balle, et autres de même nature ».

Art. 1801 « Celui qui perd dans un jeu ou un pari non défendu est obligé civilement.

L'autorité judiciaire peut néanmoins ne pas accueillir la demande, lorsque la somme engagée au jeu et au pari est excessive, ou bien réduire l'obligation pour tout ce qui excède les habitudes d'un bon père de famille ».

*En Angleterre*, on distingue comme en France les jeux prohibés, et les jeux reconnus, par la loi, à raison de leur utilité, et au point de vue de l'intérêt public. Les courses de chevaux, sont de ce nombre. Toute obligation contractée pour dette, de jeu prohibé, est nulle ainsi que toute convention consentie pour en garantir l'efficacité (1).

Ce que nous venons de voir, est de nature à nous faire comprendre, que la disposition de faveur formulée par l'article 1966 du Code civil, pour les courses de chevaux, n'est pas due à un caprice de notre législateur mais qu'elle correspond, au contraire, à un intérêt général de tous les temps, et de tous les pays. Etant

1. CF. Ernest Lehr. *Droit Civil Anglais.*

donnée l'utilité que présente les courses de chevaux, ainsi que nous l'avons vu, au point de vue de l'élevage, des intérêts agricoles, et même de la défense nationale cette disposition de la législation, se trouve de nos jours plus justifiée que jamais.

Nous devons remarquer, cependant, que le Code civil ne dit pas, courses de chevaux. Il mentionne seulement les courses à cheval, et dès lors, n'y a-t-il pas lieu de nous demander, si la disposition de l'article 1966 du Code s'applique aux paris sur les courses de chevaux, tels que nous les voyons se pratiquer actuellement.

Il est bien entendu que les rédacteurs du Code n'ont pu prévoir ces paris, ni leur importance, ni même leur existence puisque les courses de chevaux, n'existent, officiellement, du moins, que depuis 1805, et que les conditions économiques de l'élevage sont absolument transformées.

Mais il en est de cette disposition comme de celles qui s'appliquent notamment aux rentes, à la fortune mobilières, aux titres au porteur ; il est évident que les conditions économiques sont bouleversées et que le législateur n'avait pu soupçonner les changements qui s'opéreraient pour certaines institutions dans le cours de ce siècle, il n'en est pas moins certain que par une interprétation extensive, prétorienne, les dispositions du code doivent s'appliquer aux institutions qu'elles prévoient, dans les transformations que subissent ces institutions.

La question n'a, d'ailleurs, soulevé aucun doute, et nous nous bornerons à citer l'arrêt de la cour de Rennes, qui déclare, incidemment, mais comme un axiome indiscutable : « Les paris pour les courses de chevaux sont reconnus, légitimes, et sanctionnés par les dispositions de l'article 1966 du Code Civil » (1)

Mais, si l'on admet sans difficulté, que les courses de chevaux organisées, comme elles le sont aujourd'hui rentrent dans le cadre d'application de l'article 1966 du Code Civil, ne peut-on pas dire que la loi réserve une action à ceux-là seuls, qui font preuve d'adresse et de courage ?

Pour répondre à cette question, il faut, croyons nous, la dédoubler et considérer d'une part, la situation des personnes qui sont intéressées, dans la conduite, la préparation ou la propriété d'un cheval, jocheys, entraîneurs, propriétaires, et d'autre part les tiers qui sont complètement étrangers aux jeux mêmes.

En ce qui concerne les personnes intéressées, dans la conduite, la préparation ou la propriété d'un cheval l'interprétation restrictive de l'article 1966 conduirait à ne donner d'action à raison des paris qu'ils auraient

1. Rouen, 3 août 1889, s. 1890, 1 101.

faits, qu'aux jockeys qui prennent part à la lutte ; mais cette interprétation serait absolument contraire à l'équité. L'entraîneur en effet, qui par une préparation savamment et sagement conduite, a mis le cheval confié à ses soins en état de soutenir une course à une allure des plus rapides, et sur une distance plus ou moins longue, trouvera dans les paris qu'il engage sur la chance de ce cheval, une très juste récompense des efforts qu'il a faits et du temps qu'il a employé à son entraînement. Aussi ne craignons-nous pas que pour lui les interprètes de la jurisprudence puissent élever aucun doute sur son droit à bénéficier des dispositions de l'article 1966.

Quant au propriétaire n'est-il pas juste qu'il soit récompensé de sa claivoyance, en ce qui concerne le choix de ses étalons, de ses poulinières de ses produits ; ou même s'il n'est pas éleveur et qu'il achète ses poulains, n'est-il pas juste qu'il trouve dans ses paris une compensation équitable aux sacifices pécuniaires souvent considérables, qu'il a faits, et aux risques qu'il assume dans son entreprise.

Ainsi, que l'a dit, très justement Paul Pont : « Ce n'est pas seulement le fait, l'exercice de la course que la loi favorise, elle veut aussi et surtout encourager le propriétaire qui fait courir. C'est dans cette vue que cherchant à favoriser la transplantation, et la propagation des races, les plus propres à améliorer l'espèce. L'Etat et les communes ont imaginé de créer des primes, auxquelles les maîtres de chevaux vainqueurs ont droit... Le pari après tout concourt tout aussi bien que la prime à entretenir l'émulation des éleveurs » (1).

La jurisprudence a consacré cette sage doctrine. « La faveur accordée par l'article 1966, aux jeux et aux paris sur les courses de chevaux a pour but de donner aux propriétaires et éleveurs, le moyen d'ajouter à l'honneur du succès, des ressources pécuniaires résultant du pari » (2).

Nous déciderons donc sans hésiter que la loi donne une action pour le paiement des paris qu'ils ont pu faire à l'occasion des courses non seulement aux jockeys, mais aussi aux entraîneurs, et propriétaires même quand ces chevaux, sont montés par des tiers.

Mais la question devient beaucoup plus délicate en ce qui concerne les tiers restés étrangers, aux jeux mêmes. Sur ce point trois opinions ont été émises, nous allons les examiner rapidement, et rechercher celle qui nous paraîtra le plus conforme à la vérité.

1. Paul Pont. *Petits Contrats*, t. 1, p. 213.

Une autre opinion soutenue par M. Laurent, refuse au contraire ce bénéfice aux propriétaires, dont les chevaux sont montés par des tiers, tome XXVII, n° 200.

2. Paris, 31 décembre 1874.

Suivant une première doctrine, toute personne, qui engage des paris, sur le résultat d'une course de chevaux peut en vertu des dispositions de l'article 1966, intenter au perdant une action en justice pour en réclamer le montant. Mais ce droit ne lui est acquis, qu'à la condition qu'en pariant, elle ait fait œuvre d'intelligence, c'est-à-dire qu'elle ait pu, grâce à ses connaissances, hippiques, se faire une opinion raisonnée, sur les qualités ou les défauts des divers concurrents. Si au contraire, le parieur n'a compté que sur le hasard pour démontrer la véracité de ses assertions, il reste soumis aux règles générales de l'article 1965, et par suite toujours exposé à se voir opposer l'exception de jeu.

Nous croyons devoir rejeter ce système, car, la distinction sur laquelle, il repose est arbitraire et ne trouve aucun fondement dans les données du Code Civil.

Il est en effet facile de se rendre compte des intentions du législateur, et de voir soit par l'énumération des jeux exceptionnellement sanctionnés, soit par les termes dans lesquels, est conçu l'article 1966 que son unique but a été d'encourager seulement les jeux les plus propres à développer les forces physiques, et à servir l'intérêt général. Quant à ceux dans lesquels, les calculs de l'esprit occupent une place prépondérante il n'y est fait aucune allusion. Les orateurs du tribunat avaient cependant manifesté l'intention de les comprendre dans la même exception : « Le jeu dit Siméon, « n'est pas une cause licite d'obligation parce qu'il « n'est pas nécessaire, qu'il n'est pas utile, qu'il est « extrêmement dangereux.

« De ces motifs naissent de raisonnables exceptions. « Les jeux d'exercice, ceux qui ne sont pas fondés sur « le pur hasard et auxquels se mêlent des calculs, et « des combinaisons. Ces jeux sont utiles les uns à « développer les forces physiques les autres à exercer « les forces intellectuelles ; ils offrent un délassement « avantageux, et quelquefois nécessaire ».

Cette idée a peut-être échappé au législateur lors de la rédaction définitive du code civil, en tout cas, on en trouve aucune trace dans les articles relatifs au jeu et au pari. C'est pourquoi, croyons-nous, en l'absence de texte, il est impossible de suppléer à cette lacune, ce serait donner à la loi une interprétation beaucoup trop large, que rien ne viendrait justifier.

De plus admettant même que théoriquement ce système fut soutenable ; pratiquement, il présenterait d'assez graves difficultés dans son application. Car dans la plupart des cas on se demande sur quel critérium, devrait se baser les juges pour apprécier, si les connaissances hippiques de tel ou tel parieur, sont

assez étendues pour lui permettre de porter un jugement raisonné sur les chances des chevaux prenant
part à la course. Aussi est-il rejeté par la jurisprudence, ainsi qu'il résulte d'un jugement du tribunal
de la Seine, qui, statuant sur un procès survenu à propos de la réglementation de paris entre deux membres
du salon des courses, personnes par conséquent bien
à même de faire dans leurs paris œuvre d'intelligence,
renferme le considérant suivant. « Attendu qu'il importe peu que R... fut à même d'apprécier les chevaux, et leurs chances bonnes ou mauvaises, choses
étant de nature à dépouiller le pari de son caractère
aléatoire, mais non à le rendre susceptible d'exécution » (1).

Nous n'insisterons pas davantage sur cette opinion
qui n'avait d'autres mérites que de chercher à concilier
les deux opinions extrêmes que nous avons à examiner.

La première déclare que les tiers restés étrangers
aux jeux eux-mêmes, ne peuvent faire de paris valables à l'occasion de ces jeux. Cette opinion est défen-
dable; car on peut soutenir que l'article 1966, du Code
civil constitue une exception et que les exceptions doi-

1. Jugement du tribunal de la Seine 4 janvier 1893. *Journal
le Droit*, 23 décembre 1892 et 6 janvier 1893.

vent être interprétées restrictivement. On peut ajouter
que le législateur a voulu sans doute protéger les
joueurs, qui font preuve de courage et d'adresse mais
non les spectateurs qui ne servent en rien le but qu'il
s'est proposé ; et ne cherchent dans leurs paris que
l'occasion d'une spéculation heureuse.

C'est le système qui a été suivi par la jurisprudence (1) et un grand nombre de nos jurisconsul-
tes (2).

Nous n'hésitons pas, malgré l'autorité que donne à
ce système l'adhésion de la jurisprudence, à opter
pour l'opinion opposée, d'après laquelle il y a lieu de
considérer comme valables, tous les paris faits par une
personne quelconque, à l'occasion d'un jeu rentrant
dans l'énumération de l'article 1966 du Code civil.
L'interprétation que donne l'opinion précédente n'est
stricte qu'en apparence, c'est l'interprétation littérale
qui est la seule stricte en réalité, et ceci nous suffit
pour décider que l'article 1966 du Code civil a voulu
favoriser les divers jeux qu'il énumère, car ces jeux

1. Paris 31 décembre 1874. D. 1875-2-95. Tribunal de la Seine.
4 janvier 1893. *Le Droit.* 6 janvier 1893. Tribunal de commerce
de la Seine. 2 juin 1893. *La Loi* 2 juin 1893.

2. Voici en ce sens. Paul Pont, *Petits contrats*, n° 613. *Pilette
Revue pratique* 1863. Larombière. *Traité des obligations.* Guillouard. *Des contrats aléatoires et du mandat,* n° 54.

et notamment les courses de chevaux, à raison de la nature des services qu'ils sont appelés à rendre au pays, présentent un intérêt d'ordre public, auxquels doivent être sacrifiés les intérêts privés (1); enfin le législateur n'a nullement manifesté l'intention d'accorder ses faveurs à telle ou telle catégorie de parieurs à l'occasion de ces jeux.

De plus ce système empêche que la justice soit amenée à rendre des décisions absolument iniques ; dans le cas où un pari aurait été fait entre un jockey, un entraîneur ou un propriétaire, et un tiers étranger à la course, il faudrait d'après l'opinion précédente, déclarer valable, au cas de gain, la créance des personnes directement intéressées à la course, et nulle celle du parieur étranger en fait (2) à la course.

Enfin il est à remarquer, que le deuxième paragraphe de l'article 1966 ne laisse pas le parieur malheureux sans moyens de défense, car il décide que le tribunal peut rejeter la demande lorsque la somme lui paraît excessive.

Cette mesure est en effet bien apte à renfermer le jeu dans de justes limites, car, toutes les fois que les

1. *Répertoire alphabétique du droit français. Voir Jeu et pari*, n. 586.

2. En ce sens. Guillouard. *Des contrats aléatoires et du mandat*, n. 54. Pilette. *Revue critique*, 1863, n. 586.

juges se trouveront en présence d'une action intentée en paiement d'une dette de cette nature, ils devront rechercher s'il y a eu excès dans le jeu, ce qui sera pour eux une pure question de fait facile à résoudre après l'examen qu'ils auront fait de la condition sociale des personnes, de leur état de fortune, et de la nature du pari. Et si, à la suite de leur enquête, il ressort pour eux que le jeu a été immodéré, ils devront, non pas se contenter de réduire la demande, mais bien la rejeter complètement, les termes de l'article 1966 à ce sujet étant formels.

Les différentes raisons que nous venons d'examiner nous déterminent donc à décider que la loi accorde à tout parieur, sans distinction, une action pour le paiement des paris faits sur les courses de chevaux (1).

La loi n'y apporte que deux restrictions :

1° Le tribunal peut rejeter la demande, quand la somme lui paraît excessive (art. 1966. C. civ).

2° Le perdant peut répéter ce qu'il a volontairement payé quand il y a de la part du gagnant, dol, supercherie ou escroquerie, (art. 1967. C. civ).

---

1. Ce système a été soutenu par Fréréjouan du Saint, *op. cit.* Huc. *Commentaire théorique et pratique du Code civil* Lenoble. *Les courses de chevaux et les paris aux courses* p. 197. Beltjens. *Encyclopédie du code civil Belge sur l'article* 1966 n. 14.

# CHAPITRE III

## Des différentes formes de paris sur les Courses de chevaux.

Nous venons de voir qu'en principe les paris sur les courses de chevaux étaient licites et sanctionnés par, les dispositions de l'art. 1966, C. civ., quelle que fût la qualité des personnes qui forment entre elles le contrat ; nous allons indiquer les différentes formes sous lesquelles ce pari peut être fait et rechercher s'il est licite et sanctionné sous toutes ces formes.

### § 1.. — Poule.

La plus ancienne, comme aussi la plus élémentaire des différentes combinaisons, sous lesquelles se présente le pari aux courses, est la poule ou pari au chapeau, sorte de jeu de roulette ou de loto, appliqué aux courses de chevaux, et dans lequel les calculs et les prévisions des joueurs n'ayant aucune part, le hasard

est le seul « dispensateur des gains ou des pertes ».
Pendant longtemps ce mode de pari fut le seul connu
et pratiqué sur les hippodromes. Mais de nos jours,
grâce aux nouveaux moyens offerts aux joueurs de ten-
ter la fortune, tout en s'intéressant aux courses, il
est absolument délaissé et a presque complètement
disparu.

Voici en quoi il consiste : Chaque cheval engagé ou
prenant part à la course est représenté par un numéro, placé au hasard, le plus souvent dans un chapeau (d'où son nom).

Les parieurs étant, autant que possible, en nombre
égal à celui des chevaux, déposent chacun, une mise
uniforme, et en échange tirent au sort un des numéros.
Celui auquel échoit le numéro correspondant au cheval
gagnant touche la totalité des mises.

Ce genre de pari donnait naissance à deux combinaisons différentes.

Dans la première connue sous le nom de « poule au
programme » tous les numéros des chevaux inscrits au
programme étaient placés dans le chapeau ; et, comme
dans la plupart des courses un certain nombre de
chevaux, bien qu'engagés ne prennent pas part à la
course, le joueur se trouvait exposé à tirer le numéro
de l'un de ces chevaux. Dans ce cas, il était immédiatement mis hors de cause et sa mise se trouvait perdue.

Si au contraire, il amenait le numéro d'un cheval qui court et gagne, il touchait le montant des mises placées sur tous les numércs du programme.

Le mécanisme de la seconde combinaison ou « poule aux courants » était identique ; seulement on ne tirait que les chevaux se présentant sous les ordres du starter (1). Le joueur n'était pas exposé à un aléa aussi grand que dans la poule au programme, mais par contre son bénéfice au cas de gain, était beaucoup moins élevé, car il ne touchait que le montant des mises placées sur les chevaux prenant part à la course.

Le pari au chapeau ne fut originairement pratiqué qu'entre gens se connaissant, mais la difficulté était de se trouver en nombre suffisant ; aussi des individus connus sous le nom de pouleurs ne tardèrent-ils pas à se charger de recruter les joueurs, et de prendre moyennant un certain prélèvement sur les mises toutes les dispositions matérielles indispensables au fonctionnement du pari. Puis des agences se créèrent dans le but de centraliser le plus grand nombre de mises possibles, elles apportèrent certains perfectionnements dans l'organisation du pari, mais les principes restèrent les mêmes.

Cette forme du pari aux courses ne constitue évi-

___

1. « On désigne sous ce nom la personne chargée de donner le « signal du départ ».

demment qu'une loterie, car l'attribution du numéro gagnant est effectuée par la voie du sort et le bénéfice qui est donné au titulaire de ce numéro gagnant est uniquement dû au hasard.

Elle constitue donc un acte illicite aux termes de la loi du 21 mai 1836 portant prohibition des loteries; il en résulte qu'au point de vue civil l'obligation qui dérive d'une pareille convention étant basée sur une cause illicite ne peut avoir aucun effet (art. 1131 et 1133. C. civ.).

Remarquons d'ailleurs que cette forme de pari ne constitue pas un véritable pari sur les courses de chevaux c'est-à-dire sur les chances respectives des animaux qui y prennent part; dans l'espèce, il s'agit d'une loterie ou roulette dont la nécessité de désigner chaque cheval prenant part à une course par un numéro spécial sur un programme fournit l'occasion.

Aussi, dès que l'éducation du public fut perfectionnée par la fréquentation des courses et le développement de la presse sportive, il commença à dédaigner de parier sur un cheval au moyen d'un numéro et il fut insensiblement poussé dans la voie des paris de son propre choix. C'est ainsi que le pari à la poule fut perfectionné et devint le pari mutuel (1) dont le principe est le suivant :

1. Laffon. *Du monde des courses*, p. 310.

### § 2. — Pari mutuel.

Les joueurs ayant fait choix du cheval, qu'ils consi-dèrent comme le gagnant probable, la somme de tous les paris est totalisée, cette somme totale est partagée entre les parieurs, qui ont choisi le cheval gagnant proportionnellement au montant des mises qu'ils ont engagées.

Le pari mutuel fut organisé en France vers 1867 et dès ce moment, une foule d'agences se créèrent pour l'exploiter, soit sur les hippodromes, soit même au dehors, réalisant des bénéfices considérables grâce au tant pour cent (généralement 10 francs) qu'elles préle-vaient sur les mises.

Depuis la loi du 2 juin 1891, ces agences ont dispa-ru, du moins ouvertement ; le pari mutuel, qui est deve-nu le seul mode légalement reconnu et autorisé de pa-rier aux courses, ne peut être, aux termes de l'article 5 de cette loi, organisé et exploité que sur les hippodro-mes, et seulement par les sociétés, qui auront reçu à cet effet une autorisation spéciale du gouvernement, et sous son contrôle.

Avant d'entrer dans les détails du fonctionnement de ce genre de pari, nous devons faire remarquer qu'il se présente sous la forme de deux combinaisons différentes. Le parieur peut jouer, non seulement sur le cheval gagnant, auquel cas il ne touchera un bénéfice que si le vainqueur est celui qu'il a désigné, mais aussi sur le cheval placé, ce qui veut dire que dans ce second cas, il réalisera un gain, non seulement si le cheval qu'il a choisi arrive premier, mais aussi s'il arrive second, dans les courses auxquelles prennent part, au moins quatre chevaux, et même troisième, dans celles qui réunissent au moins huit concurrents.

Le mécanisme du pari mutuel peut ainsi se décomposer. Avant chaque course, la société fait connaître au public, de la manière suivante, les chevaux qui doivent y prendre part ; au fur et à mesure du pesage, les noms des jockeys sont inscrits sur une affiche spéciale, en regard des numéros correspondant au programme, et quand le pesage est terminé, un disque rouge, apparaissant au sommet du tableau, signifie que le nombre des chevaux devant courir est complet.

Dès que le parieur a choisi le cheval sur lequel il veut risquer une somme, il se présente à un guichet où se trouvent deux tableaux, l'un pour le cheval gagnant, l'autre pour le cheval placé. En échange de sa mise, qui doit être de cinq francs, au minimum, à la pelouse, de dix, cinquante, cent, et même cinq cents francs au pesage, il reçoit un ticket portant:

1° Le numéro sous lequel est classé dans le programme officiel le cheval désigné ;

2° Un numéro d'ordre ;

3° Celui du guichet où il a été délivré ;

4° Celui de la course ;

5° Enfin en chiffres très apparents le nombre des mises placées sur le même cheval à ce guichet.

Au signal du départ la distribution des tickets est arrêtée; à un bureau central, on établit le total des mises placées sur tous les chevaux, on déduit de cette somme le droit de 7 0/0 établi en vertu de la loi du 2 juin 1891 (1) et aussitôt le résultat de la course connu, ainsi que nous l'avons déjà dit, on divise la somme restant par le nombre des paris engagés sur le vainqueur.

La même opération se renouvelle pour établir le rapport des chevaux placés, avec cette seule différence que l'on commence, tout d'abord, par soustraire de la somme à partager le montant total des mises, opération qui a pour but de sauver la mise du parieur, car en vertu du règlement admis par les diverses sociétés de courses, le joueur ne peut jamais recevoir une somme inférieure à celle qu'il a déposée, fait qui se

1. La somme de 7 0/0 prélevée sur le total des mises est ainsi répartie : 2 0/0 en faveur des œuvres de bienfaisance ; 1 0/0 en faveur de l'élevage, et 4 0/0 pour couvrir les frais de la société.

produirait inévitablement par suite du trop grand nombre de paris engagés sur le même cheval ayant droit à une place, puis on divise la somme restant par deux ou par trois suivant le nombre des chevaux placés. Le produit de cette dernière division est réparti au *prorata* des mises de chaque cheval, et enfin on ajoute le montant des mises préalablement sous-traites (1).

Aussitôt ces différentes opérations terminées, le rapport des paris est affiché, et dès lors les tickets se rapportant au cheval gagnant deviennent, entre les mains de leurs propriétaires, de véritables titres de créance, à la présentation desquels la société est obligée de verser, soit immédiatement, soit, si le porteur le préfère, dans les sept jours qui suivent la course, la somme attribuée par la répartition (2). Il en

1. Voir Lenoble. *Les courses de chevaux et les paris aux Courses.* p. 213. Charton de Meur. *Dictionnaire de jurisprudence hippique* p. 204. Les dessous du pari mutuel, *Revue universelle des inventions nouvelles,*5 juin 1891. Réglement du pari Mutuel.

2. Il est à noter qu'aux termes du règlement du pari mutuel (art. 6) lorsque plusieurs chevaux appartenant au même propriétaire prennent part à la même course, les parieurs qui ont désigné l'un d'eux comme gagnant, ont droit au bénéfice, alors même que celui qu'ils ont choisi ne serait pas arrivé et que ce serait son compagnon qui aurait gagné.

est de même pour les tickets des chevaux joüés placés (1), ainsi que dans les cas exceptionnels où il y a lieu à remboursement des mises (2).

Le pari mutuel, dont nous venons d'indiquer le fonctionnement, est le pari mutuel au totalisateur ou simple ; il peut être aussi pratiqué comme pari mutuel de combinaison (il porte alors sur plusieurs courses) ou par groupes (il porte alors dans une même course sur des groupes de chevaux) ; nous n'insisterons pas sur ces diverses formes qui ne sont plus en usage et qui, d'ailleurs, sont régies par les mêmes principes.

Cette forme de pari ressemble à la poule en ce que les mises de tous les joueurs sont attribuées à celui ou à ceux qui ont choisi le cheval gagnant ; mais elle en diffère essentiellement en ce que le choix du numéro qui désigne chaque cheval sur le programme est volontaire

1. Voir page 79.

2. En vertu de l'article 10, du même règlement, les mises sont remboursées intégralement :

1° Lorsqu'un cheval pour lequel on a parié n'a pas été affiché comme partant ;

2° Lorsqu'un cheval affiché comme partant ne s'est pas présenté au poteau sous les ordres du starter ;

3° Lorsqu'aucun des chevaux n'a rempli les conditions de la course ;

4° Lorsqu'aucun pari n'a été fait suivant le cas sur le cheval gagnant ou sur aucun des chevaux placés.

et raisonné ; et cette circonstance suffit à écarter toute similitude de ce pari avec une loterie.

Ceci a d'ailleurs été reconnu par tout le monde, mais la jurisprudence, mue par le désir de réprimer à tout prix la passion du jeu dans ses manifestations à l'occasion des courses de chevaux, n'a pas hésité à attribuer au pari mutuel le caractère de jeu de hasard, ce qui, à nos yeux, n'est en rien justifié.

Sans doute, ainsi que l'a dit la Cour de Paris : « Le pari mutuel présente cette circonstance particulière que la quotité de gain est indéterminée, et qu'elle peut même varier dans des proportions considérables et tout à fait imprévues pour les joueurs ; en effet, ce gain dépendant du rapport qui existe entre les mises engagées sur le cheval gagnant et les autres mises engagées sur les autres chevaux de la course, il en résulte que, depuis la première mise jusqu'à la dernière, ce rapport change sans cesse et varie au gré du hasard, qui amène un plus ou moins grand nombre de joueurs et distribue diversement leurs mises sur les chevaux inscrits sur la pancarte du jeu. Ce risque aléatoire est d'une grande importance, puisqu'il affecte le gain qui est l'objet principal et même l'objet unique que se propose le joueur.

« En outre, dans les courses de chevaux le résultat dépend de causes multiples ; si le mérite du cheval est un élément important du succès, il faut tenir compte d'un certain nombre de circonstances fortuites qui ont une influence réelle sur l'issue de la course. Parmi ces circonstances, qu'il est impossible d'énumérer toutes, on peut citer l'état du cheval, l'état du jockey, les conditions du terrain au moment de la course, la place du cheval sur la piste assignée au départ par la voie du sort, enfin telles autres chances également aléatoires qui font qu'un cheval est retardé par un faux pas, qu'il est effrayé, qu'il se dérobe ou perd une partie de ses avantages. »

Mais ces considérations ne suffisent pas à faire du pari aux courses sous cette forme un jeu de hasard ; ici comme dans les autres formes de pari que nous étudierons plus loin, nous sommes purement et simplement en présence d'un contrat aléatoire parfaitement licite et obligatoire aux termes des articles 1964, 1966 et 1967 C. civ.

Si donc deux ou plusieurs joueurs se sont réunis pour parier sur des chevaux différents et attribuer au gagnant le total des sommes engagées, il se forme entre eux un contrat de pari que la loi civile sanctionnera d'une action : celui ou ceux qui auraient choisi le cheval gagnant pourront actionner leurs partenaires en payement des sommes qu'ils ont pariées contre eux.

Cette hypothèse se présentera rarement, il est vrai, car, bien que parfaitement licite entre gens qui se connaissent, le pari mutuel n'est guère praticable que par la réunion de nombreuses mises émanant de nombreux parieurs ; c'est ce qui avait incité les agences de poules à créer les agences de pari mutuel qui furent condamnées en 1874, c'est ce qui a décidé les sociétés de courses en 1890 à solliciter de l'administration l'autorisation d'organiser elles-mêmes le pari mutuel sur leurs hippodromes.

A l'heure actuelle, sous l'empire de la loi de 1891, le pari mutuel, ainsi que nous l'avons dit plus haut, est organisé par les sociétés de courses autorisées à cet effet et ne peut être organisé que par elles : généralement, elles mettent à l'adjudication l'entreprise de l'installation des baraques où se font les opérations et s'en remettent à l'adjudicataire du soin de faire fonctionner ce pari moyennant une remise sur le prélèvement attribué à cet effet par les arrêtés rendus en vertu de la loi de 1891 au profit des sociétés.

Dès lors cette forme de pari se présente sous l'apparence d'une convention passée seulement entre les parieurs et un tenancier de jeu public : ce tenancier se charge de recevoir les enjeux, de les totaliser, d'en déterminer la répartition et de payer aux gagnants le montant de la somme qui leur est attribuée.

Entre ce tenancier de jeu public et les parieurs ce n'est pas un contrat de pari qui intervient, c'est une convention qui tient à la fois du contrat de dépôt et du contrat de louage de services ou d'ouvrage, c'est un contrat innomé, soumis en cette qualité àux règles générales des contrats (art. 1107. C. civ.). Par suite, les parieurs ont une action contre le tenancier du pari mutuel afin de le contraindre à remplir ses obligations conformément au règlement qui, dans l'espèce, détermine les droits et devoirs de chacun. Dans le cas où ce tenancier est un adjudicataire qui a traité, moyennant subvention, avec la société de course, celle-ci est responsable vis-à-vis des parieurs.

Quant aux parieurs, on ne peut concevoir de difficulté entre eux puisqu'en principe ils ne se connaissent pas : s'ils se connaissaient, c'est l'art. 1966. C. civ. qui régirait le contrat.

Mais une difficulté peut se concevoir entre un parieur dépossédé de son tiket par perte ou par vol, et un tiers porteur qui demande le payement de ce ticket aux guichet du pari mutuel (1).

1. Nous lisons à ce sujet dans un numéro du *Paris-Sport* du mois d'avril :

### La propriété d'un Ticket.

Un ticket de pari mutuel est-il payable au porteur ou est-il la

Pour trancher la difficulté, il importe de bien déterminer la nature du titre que le parieur reçoit sous la forme d'un ticket ; quand il fait un pari sur un cheval aux gui-

propriété de celui qui l'a pris aux guichets du pari mutuel ? Telle est la question qui se pose de nouveau devant les juges de la septième chambre.

Les faits remontent au 17 septembre dernier. Il y avait course ce jour-là à Longchamps. Quelques minutes avant la première épreuve, un bookmaker, fort connu, dépêche son secrétaire, M. Mootz, au guichet du Pari Mutuel, afin de prendre pour lui un ticket de 500 francs sur le cheval Crocodile.

On donne le départ, les chevaux engagés courent, et Crocodlie arrive, dans un petit galop, bon premier au poteau.

On affiche le résultat pécuniaire au Pari Mutuel, et le bookmaker apprend avec plaisir que Crocodile rapporte 3,075 francs pour 500 francs.

Son secrétaire, M. Mootz, se précipite aussitôt au guichet pour toucher la bonne galette de son patron, mais voilà qu'au moment de présenter son ticket, il s'aperçoit qu'il l'a perdu ou qu'on le lui a volé.

Comme un parieur qui joue tous les jours à 500 francs est très connu des employés du Pari Mutuel, il prévient incontinent ceux-ci de la disparition de son ticket, en les priant de ne pas payer au cas où on le présenterait. D'ailleurs, il se met en règle avec la loi, et dès le lendemain il fait opposition sur la somme de 3.075 francs.

Dans l'après-midi, un monsieur se présente à la Société du

chets du pari mutuel, ce ticket est certainement, nous le croyons, un véritable titre au porteur.

En effet le titre au porteur dit M. Saleilles (1), est

Pari Mutuel et demande à encaisser son ticket, qui est celui de M. Mootz, du moins, d'après les dires de ce dernier.

On refuse, et pour mettre fin à l'incident, on va s'expliquer chez le commissaire de police.

— Comment vous appelez-vous ? demande le commissaire au porteur du ticket de Crocodile.

— M. Savoye.

— Pouvez-vous m'expliquer de quelle façon vous vous trouvez être porteur du ticket dont s'agit ?

— Je l'ai acheté hier soir dans un café à un Anglais, dont j'ignore le nom, et qui est parti aussitôt pour Londres.

— Combien vous a-t-il coûté ?

— Trois mille francs.

— Vous n'avez gagné alors que 75 francs ?

— C'est déjà bien joli ! Et je considère que c'est un joli bénéfice, car j'exerce la profession d'acheteur de tickets avant le payement aux guichets du Pari Mutuel : vous savez ? « cinq sous par ticket et on paie de suite ».

Enfin pour mettre un terme à ce curieux incident, le propriétaire du ticket Crocodile, M. Savoye, demande aux juges de la septième chambre du tribunal civil de lever l'opposition de M. Mootz, afin de pouvoir toucher son Crocodile.

Le jugement a été remis à une date ultérieure.

1. Saleilles. *Essai d'une théorie générale sur la nature de l'obligation d'après les principes du Code Allemand*, p. 293.

une reconnaissance de dette souscrite sous une forme qui permet la cession du droit par la seule remise du titre ; de telle sorte que le créancier peut transmettre son droit sans avoir à avertir son débiteur et que le cessionnaire est sûr de toucher la somme portée sur la seule présentation du titre ».

Tels sont bien là les caractères du titre dont nous nous occupons ; la remise du ticket constitue évidemment une reconnaissance de dette, le parieur ayant versé une certaine somme, la société de course s'est engagée vis-à-vis de lui, pour le cas où ses prévisions viendraient à se réaliser, à lui rembourser non seulement les fonds qu'il a versés, mais en outre un excédent provisoirement ignoré, mais qui devient certain lorsque le résultat de la course est connu du public ; obligation qui a été constatée par la délivrance du ticket.

Enfin les circonstances et les formes dans lesquelles a lieu la délivrance prouvent péremptoirement par elles-mêmes que la société s'oblige à en verser le montant à présentation quel que soit le porteur. Aucune formalité n'ayant eu lieu lors de son émission, pour constater l'individualité de la personne à laquelle il est remis, la société ne peut se montrer plus exigeante, lorsque le remboursement en est réclamé.

Le ticket du pari mutuel constituant un titre au

porteur, il est évident que les dispositions de la loi du 15 juin 1872, relative aux titres au porteur, perdus, volés ou détruits, doivent s'appliquer dans l'espèce.

En conséquence le propriétaire dépossédé par quelque évènement que ce soit, pourra se faire restituer contre cette perte, dans la mesure et sous les conditions déterminées par cette loi.

Son premier soin devra être de faire notifier par huissier à la compagnie débitrice, un acte indiquant le nombre, la valeur nominale et le numéro des titres. Conformément à l'article 2 de la loi du 15 juin 1872, il devra aussi indiquer : 1° l'époque et le lieu dans lequel il est devenu propriétaire, c'est-à-dire la date de la journée de course, l'hippodrome sur lequel avait lieu la réunion, et le guichet où le ticket lui a été délivré, puis les circonstances qui ont accompagné sa dépossession. Cette notification emportera de plein droit opposition au paiement du capital afférent à ce ticket.

Dans la pratique, la société peut très bien, nous le pensons, se contenter d'une opposition verbale, surtout si elle connaît la personne dépossédée, car il est à remarquer que les règlements ne prévoient rien à ce sujet, mais le propriétaire du ticket perdu ou volé a intérêt à notifier son opposition par huissier afin d'avoir un acte d'opposition ayant date certaine.

Il est à remarquer, en outre, que pratiquement la question de preuve sera des plus difficiles à faire par le parieur, car à moins qu'il ne s'agisse d'une somme très importante, absorbé par l'intérêt de la course, il n'aura pas songé à retenir le numéro de son ticket.

Mais, admettant que le parieur dépossédé ait pu fournir la preuve exigée et que l'opposition ait été ainsi régulièrement faite, deux hypothèses peuvent se présenter : ou l'opposition est contredite, ou elle ne l'est pas.

Dans la première, c'est-à-dire si aucun tiers porteur ne se présente pour réclamer le remboursement du ticket frappé d'opposition, le capital du titre étant exigible, l'opposant, après avoir obtenu l'autorisation du président du tribunal, pourra, en vertu de l'article 5 de la loi du 15 juin 1872, en toucher le montant, à charge par lui de fournir une caution, qui sera tenue pendant cinq ans à dater du jour de l'autorisation (1).

On peut soutenir également que la société pourrait écarter les formalités et délais de la loi du 15 juin

---

1. Aux termes de l'article 6, la solvabilité de la caution à fournir en vertu des dispositions des articles précédents sera appréciée comme en matière commerciale. Il sera loisible à l'opposant de fournir un nantissement aux lieu et place d'une caution, ce nantissement pourra être constitué en rentes sur l'État. Il sera restitué à l'expiration des délais fixés pour la libération de la caution.

1872 et opérer, au bout de 7 jours, le paiement entre les mains de l'opposant, car on peut la considérer comme suffisament protégée contre les réclamations des tiers porteurs par l'article 14 du réglement du pari mutuel, qui décide que les tickets non présentés au paiement dans le délai de 7 jours, ne seront plus remboursés, et devront être versés à la Caisse des secours du personnel des écuries de course, etc.

Cette opinion nous semble contestable, car nous ne croyons pas que l'article invoqué puisse être opposé aux tiers. En effet, selon nous, la situation de la société de course nous semble être absolument la même que celle d'une compagnie de chemin de fer, qui fixe un maximum, d'indemnité pour le cas de perte des bagages d'un voyageur. Une jurisprudence constante considère cette clause comme n'étant pas opposable aux voyageurs, et condamne la compagnie à réparer le dommage réel. Nous estimons que la décision du tribunal serait la même pour le cas où une société se refuserait en se basant sur les termes de l'article 14 du règlement au pari mutuel, à payer les tickets prétendus périmés. Il serait donc prudent de sa part d'exiger les garanties que l'art. 5 de la loi de 1872 lui permet d'exiger.

Dans la deuxième hypothèse, l'opposition est contredite, la situation du porteur dépossédé ne devra pas être tranchée, dans la plupart des cas, par l'application de la loi du 15 juin 1872. En effet, si cette loi permet à l'opposant de rentrer dans son capital dans un délai assez court, c'est que les tiers acquéreurs ont pu avoir connaissance de l'opposition dont étaient frappés les titres par suite de l'inscription qui en a été faite dans le bulletin quotidien du syndicat des agents de change. Il n'en est pas de même pour les acquéreurs du ticket du pari mutuel. Cette valeur n'étant pas cotée à la Bourse, la publicité de l'opposition n'a pu avoir lieu, et, dans ce cas, l'article 14 de la loi de 1872 décide qu'à l'égard des négociations ou transmissions de titres antérieurs à la publication de l'opposition, il n'est pas dérogé aux dispositions des articles 2279 et 2280 du Code Civil. C'est donc leur application qui va régler la situation du parieur vis-à-vis du tiers porteur.

Aux termes de l'article 2279 : « En fait de meubles possession vaut titre. Néanmoins celui qui a perdu ou auquel a été volée une chose, peut la revendiquer pendant trois ans à compter du jour de la perte, ou du vol, contre celui dans les mains duquel elle se trouve sauf à celui-ci son recours contre celui duquel il la tient. »

Article 2280. « Si le possesseur actuel de la chose volée ou perdue, l'a achetée dans une foire, ou dans un marché ou dans une vente publique, ou d'un marchand vendant des choses pareilles, le propriétaire originaire ne peut se la faire rendre qu'en remboursant le prix.

Par conséquent, la société, à laquelle on réclame le paiement d'un ticket frappé d'opposition, fera sagement de s'abstenir jusqu'à ce que la justice ait prononcé entre l'opposant et le tiers porteur, et qu'elle ait reçu notification de la main levée de l'opposition, volontaire ou forcée.

Remarquons en terminant que, depuis la loi du 2 juin 1891, le pari mutuel organisé par d'autres personnes que les sociétés autorisées en vertu de l'art. 5 de cette loi, ne pourrait engendrer aucune obligation par application de l'art. 1133 C. civ.

Enfin il nous paraît utile d'observer que le pari mutuel se fait par l'intermédiaire d'un totalisateur passif, indifférent, sous la forme anonyme, et qu'il couvre tout espèce de dol, supercherie ou escroquerie : si la disqualification d'un cheval intervient après le jour de la course, la répartition n'en est pas moins maintenue au profit des preneurs du cheval qui a passé premier le poteau : il serait d'ailleurs impossible de retrouver tous les parieurs.

Cet inconvénient, joint à celui qui résulte de l'incertitude dans le rendement de l'opération, avait fait depuis longtemps préférer au pari mutuel le pari à la cote.

### § 3. – Pari à la cote.

Le pari à la cote est ainsi nommé parce que le taux des paris est proportionnel à la chance que chacun attribue aux chevaux engagés, en tenant compte des qualités du cheval et de celles du jockey qui le monte.

Il est évident que cette forme de pari peut être pratiquée par toute personne ; rien n'empêche, en effet, un *sportsman* quelconque de convenir avec un autre qu'il lui *donne* tel cheval à tant contre un, c'est-à-dire à une cote plus ou moins élevée suivant les chances que peut avoir le cheval désigné dans la course où il est engagé.

Dans ce cas, le pari, absolument licite, est sanctionné par l'art. 1966 C. civ ; et tout paiement en est valable, à moins qu'il n'y ait eu, de la part du gagnant, dol, supercherie ou escroquerie (art. 1967 C. civ.)

Mais cette forme de pari a été et est encore, dans les pays où elle fonctionne, surtout pratiquée par les *bookmakers* : et alors, tandis que le pari individuel, accompli entre deux sportsmans, porte sur un ou deux chevaux, le pari à la cote pratiqué par les *bookmakers* porte sur tous ou presque tous les chevaux, de telle manière que, dans chaque course, chaque *bookmaker* offre de *parier contre* tous les chevaux engagés avec tous les parieurs qui veulent *parier pour* l'un ou l'autre de ces chevaux; on dit que le *bookmaker donne* les chevaux à tant contre un, et que le *parieur prend* le cheval qu'il préfère; la cote est plus ou moins élevée pour chaque cheval suivant les chances que le bookmaker lui attribue dans la course.

Ainsi, par exemple, si le bookmaker estime qu'un cheval a 2 chances de gagner contre une de perdre, il offre au joueur son cheval à 2 contre 1, ce qui signifie que si le cheval arrive premier, le parieur recevra le double de ce qu'il a versé; s'il perd au contraire, sa mise sera abandonnée au donneur.

Si le cheval a autant de chances de gagner que de perdre, on dit alors qu'il est à égalité; auquel cas le bénéfice du joueur sera égal au montant de sa mise.

Enfin si un cheval est considéré comme ayant deux chances de gagner contre une de perdre, le cheval est à la côte de 1 contre deux ou, pour employer l'expression habituelle, on dit que l'on paye pour l'avoir, ce qui signifie, que le parieur doit verser 2 pour n'obtenir que 1 comme bénéfice (1).

Il ne faut pas croire cependant que la cote dépende uniquement du caprice ou de l'appréciation du book-

1. Lenoble. *Op. cit.*, p. 217. Garraud. Note sous Cassation, 8 Décembre 1888. D. 1881. 81. *Répertoire général du Droit Français,* voir *jeu et pari.* Charton de Meur *Dictionnaire de jurisprudence hippique,* 198,

maker ; elle est établie sur des données sérieuses, pré-
cises, dont quelques-unes apparentes, telles que les
performances du cheval, son état de santé et de préparation, l'habileté connue du jockey, d'autres non apparentes, l'état de son livre et le nombre de paris qu'il a
réunis sur les divers chevaux. Enfin la cote est contrô-
lée par les appréciations mêmes des divers bookmakers qui se font concurrence sur l'hippodrome (1), par
l'état du marché qu'on désigne sous le nom de *betting*.

Le bookmaker n'est donc pas maître de la cote,
ainsi qu'on l'a dit souvent ; néanmoins, étant donné qu'il
parie contre tous les chevaux engagés dans une course, il peut régler sa cote et équilibrer ses paris, de
manière que, quelle que soit la somme qu'il ait à payer
pour le gagnant de la course, il retire un bénéfice de
l'ensemble de ses paris dans chaque course : « Ainsi
supposons que dans une course à laquelle prennent
part 7 chevaux, le bookmaker ait tenu 100 francs contre chaque cheval dans les proportions suivantes résultant de la cote. »

Cheval A  100/50 ce qui équivaudra à la cote de  2/1
      B  100/40       —              2/1 $^{1}/_{2}$
      C  100/30       —              5/1 $^{1}/_{2}$
      D  100/20       —              5/1.
      E  100/15       —            10/1 $^{1}/_{2}$
      F  100/10       —            10/1
      G  100/5                        20/1.

« Quel que soit le gagnant, il aura toujours 100 fr.,
à donner. La chance la plus défavorable pour lui sera
si le cheval A, qu'il a pris à 100 contre 50 gagne la
course, mais même dans ce cas il ne peut pas perdre.
Il donnera 100 francs au parieur qui a choisi le cheval A, et recevra des six autres : $40+30+20+15+$
$10+5=120$; son gain sera donc de 20 francs (1). »

C'est cette conception théorique de l'industrie du
bookmaker qui a fait souvent considérer le donneur
comme un intermédiaire, et on lui a reproché d'être
un intermédiaire intéressé.

En apparence, en effet, il totalise, comme le pari mutuel, les mises du public qui trouve chez lui tous les
chevaux, mais il n'est l'intermédiaire de personne, il ne
fait pas, comme un agent de change, profession de
chercher et de trouver la contre partie d'une opération
qui lui est demandée ; s'il la cherche c'est pour son profit personnel sans considération de personnes.

En réalité, le bookmaker est un spéculateur qui fait
profession de parier contre tout le monde à ses risques
et périls ; il est fort rare en effet qu'il puisse trouver
des paris sûr tous les chevaux, il est bien obligé de
parier souvent à découvert ; la concurrence l'oblige,
pour conserver sa clientèle, à élever la cote, l'empêche

1. Dictionnaire Larousse. V. Bookmaker.

de fermer son livre pour des paris qui dépassent parfois son maximum, le contraint à se couvrir par des paris inverses. Il fait en somme ce que devrait faire tout sportsman prévoyant qui, par des arbitrages savamment calculés, se met à l'abri de tout risque dans ses paris (1).

Si l'on analyse les faits juridiques que suppose le pari à la cote, on constate que le boockmaker forme avec chaque parieur un contrat individuel de pari.

Avant la loi du 2 juin 1891, ce contrat était licite et obligatoire dans les termes de l'art. 1966 C. civ.

Le pari se faisant généralement au comptant, le parieur ne contractait aucune obligation, il acquérait seul des droits, il avait une action civile contre le bookmaker en payement de ses paris ; la jurisprudence appliquait en outre l'art. 405 C. pénal aux bookmakers qui se dérobaient frauduleusement à leurs engagements.

De part et d'autre, les parties devaient s'abstenir de tout dol, supercherie ou escroquerie pratiqués dans le but de s'assurer le gain des paris.

La jurisprudence a décidé avec juste raison que le fait par un propriétaire de chevaux de courses qui, après s'être assuré à l'avance le succès d'une course

1. Sur le mécanisme de ces paris, voir : Villa A Roggio. Guide bleu des courses, p. 101, p. 93 et suiv.

au moyen d'un concert frauduleux intervenu entre lui et le jockey concurrent auquel il a promis de remettre une somme, et a ai.si touché : de la Société des courses, le montant du prix; et des bookmakers le montant des paris enjagés avec eux, constitue le délit d'escroquerie (1).

Il est évident que, dans ce cas, l'action en répétition des sommes payées était ouverte aux bookmakers conformément à l'art. 1967 C. civ.

Seulement, en fait, cette action était difficilement réalisable, du moins jusqu'en 1887, parce que le pari à la cote se faisait au comptant et se constatait par un ticket qui, le plus souvent, ne contenait que le numéro d'ordre sous lequel le bookmaker inscrivait le pari sur son registre : les paris au comptant sont toujours anonymes.

Le bookmaker était cependant à l'abri de ces fraudes, car il pouvait suspendre le payement des paris dans certains cas.

En vertu de l'article 3 de la règle des paris de courses, en effet : « Si le cheval placé premier par le juge est ensuite disqualifié, soit pour une irrégularité commise pendant la course, soit par suite d'une réclamation faite *avant la course* le sort des paris est inséparable de celui du prix.

1. Cass. 14 mars 1896. J. *La Loi*, 19-20 mars 1896.

« Mais si cette réclamation est faite *après la course,* es
paris restent acquis au cheval arrivé premier, malgré la
disqualification dont il serait ensuite l'objet, pourvu :
1° que la réclamation porte uniquement sur la validité
de l'engagement ; 2° que le cheval soit de l'âge voulu ;
3° que son engagement dans une course pour laquelle
il n'est pas qualifié ait eu lieu de bonne foi et ne soit
pas le résultat d'une manœuvre frauduleuse ou de déclaration mensongère, tombant sous le coup de l'article
16 du Code des courses.

« Si une seule de ces conditions n'est pas remplie,
il n'y a pas d'exception à la règle générale, et les
paris suivent le prix, que l'objection ait été faite avant
ou après la course ».

Se basant sur cette règle, le bookmaker retardait le
payement des paris sur les courses contestées jusqu'à ce que la décision des commissaires des courses
sur la réclamation fût rendue et publiée.

Depuis la loi de 1891, le pari à la cote n'est licite
que s'il est fait entre personnes qui se connaissent ;
à cet égard, la loi nouvelle n'a en rien modifié l'article 1966 Code civil ; mais, s'il est fait à tous venants,
par des bookmakers, il est illicite et, par suite nul, en
vertu de l'article 1133 Code civil.

### § 4. — Pari au livre.

Le pari au livre n'est qu'une variété du pari à la cote ; c'est en effet un pari individuel et direct, mais qui se fait à terme et dont le réglement, portant sur l'ensemble des paris faits dans une période déterminée, se fait par différence à la fin de cette période, généralement à la fin de chaque semaine pour les paris de la semaine qui précède.

Primitivement cette forme de pari n'était pratiquée que par les membres du salon des courses : « Ce salon des courses se compose des membres des principaux cercles qui demandent à en faire partie et y sont reçus de droit, et d'un certain nombre de parieurs admis sur présentations. Les membres du salon organisent les bases de pari. La cote des chevaux s'établit comme celle des valeurs mobilières à la Bourse.

Chaque parieur est muni d'un carnet sur lequel il inscrit ses paris. Les carnets des joueurs se contrôlent l'un par l'autre » (1).

La règle des paris adoptée par le salon des courses fait encore autorité.

Actuellement le pari au livre est pratiqué par les

1. Rapport de M. Saint-Luc Courborieu. Cass. 18 juin 1875. S. 1875. 1. 386.

bookmakers avec les clients à qui ils font crédit ou qui leur ont déposé une couverture préalable : le réglement se fait à des échéances déterminées avec chaque parieur.

Ce contrat se constate par l'inscription sur un carnet du nom du parieur, du nom du cheval pris, du montant du pari engagé, de la somme à payer.

Il est bon d'observer qu'avec ces indications le pari sur les chevaux de course perd son caractère anonyme et que, par cela même, les fraudes sont beaucoup plus difficiles ; « les parieurs, appartenant d'ailleurs au même monde, sont mieux à même de surveiller leurs intérêts et, au besoin, de faire valoir leurs réclamations » (1).

Un pari, fait dans ces conditions entre gens ayant l'expérience des courses, est parfaitement valable, licite et obligatoire, et il est certainement soumis à l'application de l'art. 1966, C. civ.

Nous estimons que ceci était indiscutable avant la loi de 1891 ; depuis cette loi, on a voulu soutenir que le pari au livre était illicite comme les autres, mais nous verrons plus loin que cette forme de pari ne peut jamais tomber sous le coup de la loi de 1891, parce que cette loi n'a voulu punir et n'a puni que *l'exploitation du*

1. Rapport de M. Riotteau à la Chambre des députés. Séance du 30 avril 1891, n° 1389. p. 4 et 5.

*pari public* sur les chevaux de courses ; or le pari au livre étant toujours fait entre gens qui se connaissent, est essentiellement un *pari privé*, l'usage et même l'exploitation d'un pari privé sont en dehors de la loi de 1891 ; par conséquent, même après cette loi, le pari au livre est licite et obligatoire et il est sanctionné par une action, il peut faire l'objet d'un payement ou de conventions accessoires valables (art. 1966, 1967 C. civ.).

En résumé, le pari sur les chevaux de courses est, en principe, licite et obligatoire, quelles que soient les personnes entre lesquelles le pari ait eu lieu et quelle que soit la forme sous laquelle elles aient contracté.

Le pari sur les chevaux de courses est donc, en principe, sanctionné par une action. (Art. 1966, C. civ.), sauf dans le cas où le tribunal estimerait que la somme à payer est excessive (art. 1966 alinéa 2 C. civ.).

Dans aucun cas, le perdant ne pourrait répéter ce qu'il a volontairement payé, à moins qu'il n'y ait eu, de la part du gagnant, dol, supercherie ou escroquerie (art. 1967 C. civ.) ; tout ce que nous avons dit plus haut à ce sujet pour le pari à la cote s'appliquerait au pari au livre avec d'autant plus de facilité que les parieurs se connaissent et peuvent réciproquement s'atteindre.

Au payement volontaire postérieur à la course, nous

assimilerions le dépôt d'un enjeu ou même d'une couverture (1), car « ce dépôt constitue un payement anticipé, fait sous condition, et le gain de la partie attribue définitivement au gagnant la propriété de l'objet du perdant » (2).

Nous admettons en outre, sans hésiter, que le pari sur les chevaux de courses peut aussi, en principe, faire l'objet d'une novation, d'une délégation, d'une compensation, d'un cautionnement, d'une hypothèque et que le prêt fait à son occasion est pleinement valable ainsi que les billets à ordre ou lettres de change souscrits en payement d'un pari de ce genre.

Ces règles ne reçoivent de limitation que dans la mesure où la loi du 2 juin 1891 rend les paris sur les courses de chevaux illicites et délictueux : c'est ce que nous allons déterminer dans notre deuxième partie.

1. La Cour de Paris nous paraît avoir commis une grosse erreur en décidant que : Si l'art. 1967, C. civ., interdit au perdant la répétition des sommes qu'il a volontairement payées au gagnant, il en est autrement de celles qu'il ne lui a remises qu'à titre de couverture, c'est-à-dire à titre de gage ou de garantie ; celles-ci restent sa propriété, et il peut toujours en exiger la restitution. Paris, 30 juin 1894. S. 1895. 2. 42.

2. Aubry et Rau. t. IV. p. 578. § 386, texte et n. 20.

# DEUXIÈME PARTIE

## DU PARI SUR LES COURSES DE CHEVAUX
## AU POINT DE VUE PÉNAL

Nous avons étudié, dans la première partie, les principes qui régissent les paris sur les chevaux de course au point de vue du droit civil : absolument licite, en principe, le pari aux courses produit une obligation civile et est sanctionné par une action conformément aux articles 1966 et 1967 C. civ.

Cette règle ne reçoit de limitation que dans la mesure où la loi du 2 juin 1891 a rendu le pari sur les chevaux de courses délictueux et, par suite, illicite (art. 1133 C. civ.).

Dans cette deuxième partie, nous allons analyser les dispositions de cette loi nouvelle, nous nous efforcerons d'en déterminer avec précision les cas et l'étendue d'application.

# CHAPITRE I

## Etat de la jurisprudence antérieure à la loi
## du 2 juin 1891.


Avant d'entrer dans l'analyse des dispositions de la loi du 2 juin 1891, il nous paraît nécessaire d'exposer l'état de la jurisprudence au moment où la loi allait être votée ; cet exposé nous permettra de nous rendre compte de l'influence que cette jurisprudence a pu avoir sur l'esprit du législateur.

Pour frapper le pari aux courses la jurisprudence n'avait aucun texte visant directement ce genre de pari ; mais les circonstances vinrent à son aide.

Le pari aux courses n'a pas eu, dès le début, si ce n'est entre privilégiés, la perfection que présente aujourd'hui le pari au livre ; il s'est offert au public d'abord sous la forme de poule, puis sous la forme de pari mutuel, ensuite sous la forme du pari à la cote au comptant, à terme et enfin de pari au livre.

Au fur et à mesure que ces diverses formes de paris se sont répandues dans le public, elles ont donné lieu à des abus résultant de l'engouement trop vif qu'elles suscitaient et elles ont soulevé des réclamations qui ont nécessité l'intervention des pouvoirs publics.

C'est ainsi que la jurisprudence a été, sur les réquisitions du ministère public, amenée à condamner successivement :

Le pari à la poule en 1869 ;

Le pari mutuel en 1874;

Le pari à la cote en 1877.

Pour condamner le pari à la poule, elle n'a pas eu de peine, car cette forme n'est pas à proprement parler un pari sur les chevaux de course, c'est une loterie, un jeu de hasard et il était juste de faire application à son sujet des articles 410 C. pén., en vertu de l'art. 3 de la loi du 21 mai 1836 portant prohibition des loteries, et 475 C. pén.

Aux termes de l'article 410 C. pén., « ceux qui auront tenu une maison de jeu de hasard et y auront admis le public, soit librement, soit sur la présentation des intéressés ou affiliés, les banquiers de cette maison, tous ceux qui auront établi ou tenu des loteries non autorisées par la loi, tous administrateurs, préposés ou agents de ces établissements, seront punis d'un emprisonnement de deux mois au moins et de six mois au plus, et d'une amende de cent francs à six mille francs.

« Les coupables pourront être de plus, à compter du jour où ils auront subi leur peine, interdits pendant cinq ans au moins et dix ans au plus des droits mentionnés en l'article 42 du présent code.

« Dans tous les cas, seront confisqués tous les fonds ou effets qui seront trouvés exposés au jeu ou mis à la loterie, les meubles, instruments, ustensiles, appareils employés ou destinés au service des jeux ou des loteries, les meubles et les effets mobiliers dont les lieux seront garnis ou décorés. »

En vertu de l'article 475 5°, C. pén. : « Seront punis d'amende depuis six francs jusqu'à dix francs inclusivement :

5° Ceux qui auront établi ou tenu dans les rues, chemins, places ou lieux publics, des jeux de loterie ou d'autres jeux de hasard. »

L'article 477 C. pén. ajoute que : « Seront saisis et confisqués :

1° Les tables, instruments, appareils des jeux ou des loteries établis dans les rues, chemins et voies publiques, ainsi que les enjeux, les fonds, denrées, objets ou lots proposés aux joueurs. »

Ces articles étaient certainement applicables aux poules organisées soit dans les agences spéciales à cet effet, soit sur les champs de courses.

Mais, pour condamner le pari mutuel et surtout le

pari à la cote, qui eux étaient de véritables paris sur les chevaux de course, puisqu'ils étaient basés sur les chances raisonnées de chevaux déterminés par les parieurs, la jurisprudence a dû donner des art. 410 et 475 C. pén. une interprétation extensive qu'il importe de bien définir.

En principe, l'application de ces deux articles est subordonnée à la constatation de l'existence des conditions suivantes :

1° qu'il y ait exploitation régulière, habituelle, du jeu ;

2° que le public fut appelé ou admis à jouer ;

3° que le jeu fut un jeu de hasard.

Pour justifier l'application de ces deux articles au pari mutuel et au pari à la cote, il fallait donc retrouver, dans les faits que les tribunaux étaient requis de réprimer, les trois conditions suivantes :

*Première condition.* — Il fallait qu'il y eût exploitation du pari.

Ce que la loi punit en effet, ce n'est pas le jeu lui-même, c'est l'industrie, l'exploitation du jeu ; le simple fait de participer à un jeu échappe à toute répression.

Une première condition essentielle était donc que le révenu fût un pa rieur professionnel, un industriel qui fît de la spéculation sur les paris aux courses une source de profits personnels.

L'existence de cette condition était facilement constatée quand il s'agissait de personnes tenant une agence publique de paris aux courses. C'est ainsi qu'Oller fut condamné en 1875 pour avoir ouvert des agences de pari mutuel (1) et que Chéron fut condamné en 1877 pour avoir tenu une agence de pari à la cote (2).

Il en était de même quand le parieur exerçait sa profession habituelle sur les champs de courses avec tout l'attirail ordinaire de la profession : piquet, liste, sacoche, carnet (*book*).

*Deuxième condition.* — Il fallait que le public fût appelé ou admis au jeu.

Cette condition se trouvait non moins réalisée et aussi aisément constatée dans les deux cas que nous avons prévus ci-dessus ; pour le pari mutuel et le pari à la cote, cette condition faisait d'ailleurs double emploi avec la troisième condition, telle du moins que l'interprétait la jurisprudence.

*Troisième condition.* — Il fallait que l'exploitation eût porté sur un jeu de hasard.

Cette troisième condition ne pouvait évidemment se

1. Cass. 18 juin 1875. S. 1875. 1.386.
2. Cass. 5 janvier 1877. S. 1877. 1.481.

réaliser dans le pari mutuel et le pari à la cote puisque le jeu de hasard est celui où le hasard seul préside, or, dans ces paris, le choix du cheval est volontaire; il est plus ou moins raisonné, sinon raisonnable, et, par conséquent, il y a au moins un élément où le hasard ne préside pas.

Mais la jurisprudence, sollicitée de réprimer le pari sur les courses de chevaux, ne sut pas résister à la tentation de réaliser l'œuvre de moralisation qui lui était demandée.

Pour faire du pari aux courses un jeu de hasard, la jurisprudence imagina de rechercher ce que valait la désignation du cheval par les joueurs et de distinguer suivant que les parieurs étaient des gens bien informés des choses du sport ou non.

C'est ainsi qu'elle condamna le pari mutuel pratiqué par les agences :

« Attendu qu'en indiquant le cheval sur lequel ils placent leurs mises, les parieurs qui fréquentent l'agence Oller ne font pas *acte d'appréciation personnelle plus ou moins réfléchie,* de calcul de probabilité plus ou moins rationnel, de choix plus ou moins éclairé ; qu'ils obéissent au hasard et aux entraînements du jeu quand ils placent leur mise sur tel ou tel cheval, désigné sans discernement en dehors de toute combinaison de l'intelligence qui serait basée sur

des faits précis ou des renseignements plus ou moins
exacts ; que le choix du cheval, même quand il s'applique à un cheval unique, comme dans les paris mutuels simples, est dans ces conditions purement fictif
et ne saurait modifier le caractère essentiel de ces paris, dans lesquels prédominent les chances du sort, les
combinaisons de l'intelligence ne pouvant s'y mêler
qu'exceptionnellement, dans des proportions si faibles
qu'elles ne sont pas appréciables (1). »

Le tribunal de la Seine indiquait des motifs de même
ordre pour condamner le pari mutuel sur les champs
de course: la foule qui joue le pari mutuel sur les
champs de course se compose, en presque totalité, de
personnes entièrement étrangères aux connaissances
du sport. Si quelques-unes apportent quelques ré-
flexions dans la désignation d'un cheval, c'est moins
parce qu'elles se croient supérieures aux autres, que
parce qu'en mettant leurs enjeux sur un cheval qui n'est
pas recherché, elles courent la chance de réaliser un
gain plus considérable.

Le tribunal ajoutait même que : « pour les joueurs
initiés aux secrets du sport, l'évènement étant prévu,
tandis qu'il est imprévu pour les autres, ce genre de
paris est moins un contrat aléatoire qu'un jeu dans

1. *Cass.*, 18 juin 1875, S. 1875. 1. 386.

lequel les uns ont les atouts dans la main, tandis que les autres n'ont en perspective que la perte inévitable. A ce point de vue ces contrats de paris sont infectés par le dol » (1).

Cette observation fut renouvelée souvent, et avec plus de force encore, à l'occasion du pari à la cote pratiqué par les bookmakers, ces industriels qui, d'après la conception théorique de leur procédé, devaient gagner toujours et à coup sûr.

Le pari à la cote trouva grâce cependant quelque temps devant les tribunaux. Le savant rapporteur de l'arrêt du 18 juin 1875, M. Saint Luc Courborieu, donnait en ces termes les motifs pour lesquels le *pari à la cote* ne tombait pas sous l'application de la loi : « Les paris à la cote ayant un caractère individuel, comme ceux que pratique le Salon des Courses, bien que des agences admettent le public, ces opérations n'ont pas pu rentrer dans les prévisions de la loi » (2).

En 1887, même quand les bookmakers furent supprimés pour mesure administrative, un jugement très bien motivé du juge de simple police de Saint-Denis refusa de voir un jeu de hasard dans le pari à la cote : « Lorsque la cote tient suffisamment compte des qua-

1. Trib. Corr. Seine. 27 août 1874.
2. Rapport. sur arrêt 18 Juin 1875, S. 1875.1.386.

lités du cheval et de celles du jockey qui le monte, elle a pour but d'équilibrer les chances de gain ou la perte entre les parieurs, en proportionnant, proportion établie au moment où le pari intervient, le bénéfice qu'ils peuvent réa'iser en cas de succès de leurs opérations à la perte qu'ils courent risque de subir dans le cas contraire; il ne suffit donc pas qu'un pari ait eu lieu à la cote, pour que le parieur qui l'a établie soit considéré comme ayant tenu un jeu de hasard, si toutefois les chevaux portés sur cette cote ont été cotés à la valeur qui pourrait leur être attribuée, la manière dont les prévenus auraient dressé leur cote n'est l'objet d'aucune critique de la part de la prévention; le juge n'a aucun élément à sa disposition qui lui permette de décider qu'elle ait altéré le caractère du pari qui s'est basé sur elle; par suite, le seul fait d'avoir réalisé des paris aux courses sur des chevaux que les inculpés cotaient, ne saurait constituer à la charge des prévenus la contravention prévue par l'art. 475 C. pén. » (1)

Mais, dès 1875, la cour de Paris, et, après elle, la cour de cassation frappaient les paris à la cote; les deux arrêts reconnaissaient que les paris à la cote pouvaient n'être pas, dans certains cas, des jeux de hasard, mais que, dans l'espèce, (il s'agissait d'un nom

1. Trib. simple pol. St-Denis (Seine) 15 juillet 1887. S. 1888, 1, 42.

mé Chéron, directeur d'une agence de paris sur les courses de chevaux) : « en provoquant le public à faire des paris à la cote, Chéron n'avait pas pour objet d'améliorer la race chevaline, mais uniquement de satisfaire la passion des joueurs en l'exploitant à son profit ; que ceux qui répondaient à son appel étaient obligés d'accepter ses conditions, sans avoir la capacité ou la possibilité de les contrôler ; que pour ce qui était laissé à leur choix, ils ne cherchaient que l'occasion des chances aléatoires pour réaliser un gain ; qu'étrangers aux habitudes des courses, ne connaissant pas les chevaux qui devaient courir, ils n'avaient pas le moyen d'apprécier personnellement l'aptitude de ces animaux », et ces arrêts décidaient que : « dans de pareils paris, la chance prédomine sur l'adresse et les combinaisons de l'intelligence, ce qui est précisément le caractère des jeux de hasard » ; ils en concluaient que : « les paris à la côte, tels qu'ils étaient pratiqués dans l'agence Chéron, constituaient des jeux de hasard, prévus et punis par l'art. 410 C. pén., (1) ».

Cette distinction, formulée d'abord à l'occasion des paris à la cote reçus par une agence établie dans Paris, hors de l'hippodrome, fut ensuite appliquée aux paris à la cote sur les champs de courses, et, depuis,

1. Cass. 5 janvier 1877, S. 1877, 1,81.

la jurisprudence l'a maintenue sans variation ; c'est
ce qui résulte, en dernier lieu, avant la loi de 1891,
d'un arrêt de la Cour de Cassation du 8 décembre 1888,
qui a cassé un jugement du tribunal de police de Saint-
Denis, refusant d'appliquer l'art. 475, 5°, à des bookmakers qui avaient offert de parier ou parié avec le
public :

« Attendu qu'il résultait des procès-verbaux rappor-
tés par le ministère public que les inculpés avaient été
surpris sur le champ de courses de Saint-Ouen, les
uns quand « ils offraient la cote à tous venants », les
autres au moment où ils venaient d'engager des paris
avec des individus dont ils ignoraient même les noms
et sur le compte desquels ils n'ont pu ou voulu fournir
aucune indication ;

« Attendu qu'en cet état des faits constatés par des
procès-verbaux réguliers, contre lesquels aucune preuve contraire n'a été proposée, le caractère contraven-
tionnel des paris incriminés comme jeux de hasard est
manifeste.

« D'où suit qu'en refusant d'appliquer aux inculpés
l'art. 475 n. 5 C. pén., et en prononçant leur relaxe,
le juge de police a formellement violé tant ledit article
475 que l'art. 154 C. inst. crim. » (1).

1. Cass. 8 décembre 1888. S. 1889. 1, 135.

Cette jurisprudence de notre Cour de Cassation avait été admise aussi par la Cour de Cassation de Belgique :

« La Cour :

« Sur le moyen du pourvoi accusant la violation de l'art. 557 n. 3 C. pén. belge ;

« Considérant que le jugement attaqué a condamné le demandeur pour avoir, sur le champ de courses, offert au public de parier à la cote sur des chevaux qu'il désignait et reçu des enjeux ; qu'il déclare que, par ce genre d'opérations, dans lesquelles le hasard joue un rôle prépondérant pour le plus grand nombre des parieurs, le demandeur spéculait sur la passion du jeu, qui pousse ceux-ci à rechercher un gain facile, en risquant leur mise sur les chances de succès tout à fait inappréciables pour eux de certains chevaux engagés dans la course ;

Considérant que les faits ainsi constatés constituent réellement le jeu, et non le pari simple autorisé par la loi ;

« Considérant qu'il n'est pas contraire au but que le législateur s'est proposé d'appliquer l'art. 557, n. 3 C. pén., aux jeux dans lesquels le hasard prédomine sur les combinaisons d'intelligence ; que cet article ne subordonne nullement l'existence de la contravention à l'emploi d'instruments ou d'appareils saisissables ;

Considérant, au surplus, que les formalités prescrites à peine de nullité ont été observées ;

« Rejette, etc. (1) ».

En somme, jusqu'en 1891, la jurisprudence de la Cour de cassation, au point de vue pénal, pouvait se résumer ainsi : le pari à la cote est licite, lorsqu'il a lieu, en vue de l'amélioration de la race chevaline, entre parieurs capables d'apprécier la cote et de raisonner les chances des chevaux engagés ; il est illicite, quand il s'agit de parieurs étrangers aux choses du sport et incapables d'apprécier la valeur de la cote. Dans le premier cas, les combinaisons de l'intelligence prédominent, il n'y a pas de jeu de hasard ; dans le second cas, au contraire, le parieur s'en remet purement et simplement aux chances du sort, il y a jeu de hasard (2).

Cette distinction à faire entre le cas où les parieurs sont capables d'appréciation et celui où ils en sont incapables, peut donner lieu à plus d'une difficulté.

Ainsi que l'a constaté M. le conseiller Larouverade:

« Lorsqu'il s'agit d'un jeu déterminé, ayant ses règles propres comme l'écarté ou la plupart des jeux de cartes, il est facile ou à peu près facile de vérifier dans

1. Cass. Belgique, 8 novembre 1886, S. 1888, 4, 3 et 4.
2. Rapport de M. le conseiller Larouverade. S. 1888, 1. 44.

quelle proportion interviennent la chance pure et le travail de l'intelligence : la règle de chacun de ces jeux suffira le plus souvent pour éclairer le juge. Mais sur quoi se fondera-t-on pour décider qu'en pariant sur tel ou tel cheval de course, le parieur a obéi à un calcul raisonné ou qu'il s'en est simplement remis au hasard? Sera-ce sur sa qualité d'éleveur ou de propriétaire de chevaux, ou de membre d'un grand cercle, situation privilégiée qui donne l'accès du salon des courses ? Dans ce cas, à moins d'interroger chaque parieur et de s'assurer de son aptitude, comment saura-t-on qu'on est en présence d'un connaisseur ou d'un sportsman de fantaisie ? » (1)

Mais la Cour de Cassation n'en a pas moins maintenu sa jurisprudence et elle en a même aggravé la rigueur en décidant que, si le bookmaker refusait ou se trouvait dans l'impossibilité d'indiquer les personnes avec qui il aurait parié, il devait être toujours considéré comme ayant parié avec *tous venants* (2).

Il faut bien observer cependant que le pari sur les chevaux de courses (mutuel ou à la cote) n'était soumis aux pénalités des art. 410 et 475 C. pén., que si les

1. Rapport Larouverade. Cass., 10 déc. 1887. S. 1888, 1. 44.
2 Cass. 10 décembre 1887. S. 1888. 1. 45 et rapport de M. le conseiller Larouverade.

trois conditions que nous avons indiquées étaient réunies :

1° Qu'il y ait eu *exploitation* du pari ;

2° Que le pari ait été offert au *public* ;

3° Que le pari constituât un jeu de hasard, et, d'après la jurisprudence, il ne pouvait constituer un jeu de cette nature que s'il était « engagé avec des personnes étrangères aux habitudes des courses et incapables d'apprécier les qualités des chevaux inscrits, ou offerts à *tous venants*, c'est-à-dire indistinctement à la masse du public » ; parce qu'en effet, « dans ces circonstances, l'opération à laquelle se livrent les parieurs n'implique ni raisonnement, ni calcul de combinaisons » (1).

A défaut de ces trois conditions, qui forment les éléments constitutifs du délit prévu et puni par les articles 410 et 475,5° C. pén., la jurisprudence était bien obligée de reconnaître que le pari sur les courses de chevaux était absolument licite.

Il en résulte :

1° Que le pari au livre était resté complètement en dehors des atteintes de la jurisprudence.

Ainsi que le reconnaissait M. Riotteau : « Ce dernier mode de pari que la jurisprudence, si diverse en ma-

---

1. Cass. 8 décembre 1888. S. 1889. 1. 136.

tière de paris aux courses, a toujours épargné, devait
seul survivre aux dispositions prises par le Ministre
de l'Intérieur à la suite du vote du 28 février 1891 » (1).

2° Que le pari à la cote lui-même était licite dans
certains cas.

« La Cour ;

« Vu les articles 7 de la loi du 20 avril 1810, et 195
C. Instr. crim. :

« Attendu que le pari à la cote intervenu à l'occasion de courses de chevaux peut, eu égard aux circonstances, ne pas être considéré comme un jeu de hasard
tombant sous l'application de l'art. 475 n° 5, ou de
l'art. 410 Code pénal ; qu'il en est ainsi, par exemple,
quand il a lieu entre personnes familiarisées avec les
usages des courses et capables d'apprécier les qualités des chevaux inscrits ; que, dans ce cas, en effet, il
ne serait pas vrai de dire que la chance a prédominé
sur l'adresse et les combinaisons de l'intelligence, conditions nécessaires pour imprimer au pari le caractère
de jeu de hasard ;

« Attendu, en conséquence, que les tribunaux doivent constater avec soin les circonstances dans lesquelles le pari s'est engagé, puisque cette constata-

1. Rapport à la Chambre des Députés, 30 avril 1891, n° 1389
p. 5.

tion peut seule permettre de vérifier si le fait incriminé a reçu une qualification légale ;

« Attendu que, dans l'espèce, le jugement attaqué se borne à déclarer que l'inculpé Aubrun « a contrevenu à l'article 475, n° 5, Code pénal, en faisant des paris à la cote au champ de courses d'Auteuil » ; qu'il ne spécifie aucune des circonstances ou conditions de fait qui pouvaient donner au pari un caractère délictueux ; qu'il n'a donc ni motifs ni base légale ; en quoi il a formellement violé les articles 7 de la loi du 20 avril 1810, et 195, C. Instr. crim.

« Casse et annule le jugement du tribunal correctionnel de la Seine, en date du 11 janvier 1888, etc » (1) ; et d'un arrêt de la même cour du 8 décembre 1888 :

3° Que le cri de la cote sur un champ de courses ne pourrait constituer la contravention prévue par l'art. 475-5° C. pén., mais tout au plus la préparation de la contravention et, par suite, ne serait pas punissable.

C'est ce qu'a reconnu la Cour de cassation par arrêt du 8 décembre 1888 :

« Attendu que les paris individuels, dits paris à la cote, intervenus à l'occasion des courses de chevaux, constituent nécessairement des jeux de hasard, soit lorsqu'ils sont engagés avec des personnes étrangères aux habitu-

1. Cass. 29 mars 1888. S. 1890. 1. 234.

des des courses et incapables d'apprécier les qualités des chevaux inscrits, soit lorsque les *donneurs*, s'adressant indistinctement à la masse du public, offrent la cote à *tous venants*; qu'en effet, dans ces circonstances, l'opération à laquelle se livrent les parieurs n'implique ni raisonnement, ni calcul de combinaisons ;

« Mais attendu que, dans l'espèce, il n'était constaté ni par les procès-verbaux versés aux débats, ni par des enquêtes faites à l'audience, que les sus-nommés eussent engagé des paris ou offert la cote dans les conditions qui viennent d'être spécifiées, que le seul fait relevé à leur charge consistait à avoir « crié la cote »; que, par suite, le juge de police a pu les renvoyer des poursuites dirigées contre eux sans violer aucune disposition légale ;

« Rejette, etc. » (1).

4° Qu'après les arrêtés ministériels qui avaient autorisé le pari mutuel sur les hippodromes : « Le pari mutuel, ainsi organisé, devenait une véritable loterie où le hasard prend la place d'un choix raisonné dans la désignation des chevaux, où tout le monde peut apporter sa mise sans engager un pari vis-à-vis d'une personne déterminée, et sans qu'il soit besoin d'aptitude

---

1. Cass. 8 décembre 1888. S. 1889-1- 136. voir note de Garraud dans Dalloz, 1889. 1. 86.

particulière permettant d'apprécier la valeur d'un cheval.

La Cour de Rouen en déduisait que : « ramené à ces conditions, le pari mutuel est une loterie, dont les tickets peuvent être pris aux guichets installés à cet effet sur l'hippodrome, soit par soi-même, soit par l'intermédiaire d'un tiers, dont l'intervention n'est pas interdite par les réglements » ; et elle concluait : « qu'une agence offrant au public de lui servir d'intermédiaire pour prendre aux guichets du pari mutuel des tickets, conformément aux ordres qui seraient donnés, n'est en réalité qu'une agence de commission, de mandat, s'exerçant à l'occasion d'opérations de jeu, il est vrai, mais dont la légalité ressort des arrêtés ministériels ; qu'une telle agence ne peut, dès lors, être considérée comme une maison de jeux, non autorisés, où le public est admis » (1).

1. Rouen, 3 août 1889. S. 1890. 2. 102. La Cour de Paris avait décidé dans l'espèce que : « Si les paris individuels, faits sur le champ de courses entre propriétaires des chevaux ou autres personnes s'occupant notoirement de courses, et possédant des connaissances spéciales qui leur permettent de se livrer à des calculs rationnels sur les chances respectives des chevaux, peuvent, suivant les circonstances, ne pas être considérés comme des jeux de hasard, il en est autrement des paris tels qu'ils se pratiquaient chez Dumien, dans lesquels la chance prédominait manifestement

Il n'aurait pu en être autrement que si l'intermédiaire avait modifié et altéré les conditions essentielles de l'autorisation du pari mutuel.

C'est ce qu'a eu à juger la Cour de Paris le 12 juin 1890 à l'occasion d'un M. de Laporterie qui avait ouvert, en 1889, à Saint-Germain-en-Laye, un établissement dans lequel le public était librement admis à venir engager des paris mutuels sur les courses de chevaux, et qui recevait des mises s'abaissant jusqu'à 2 fr. 50 ; « dans ces paris, dit la Cour de Paris, chaque parieur choisit son cheval, fixe sa mise et reçoit de l'agent un bulletin indiquant le cheval choisi et le montant de la mise ; puis, après la course, tous ceux qui ont parié pour le cheval gagnant se partagent, dans la proportion de leur mise respective, le total des sommes engagées sur tous les chevaux perdants ; l'intermédiaire, comme de Laporterie, joue le rôle d'un croupier, concentrant avant la course les sommes engagées, et en faisant, après la course, la répartition, moyennant le prélèvement d'une commission. »

Dans ces conditions, la Cour de Paris condamna de La-

sur les combinaisons de l'intelligence ». Paris, 30 octobre 1888. S. 1890-1-235. Mais l'arrêt de Paris a été cassé par Cass. 3 mars 1889. S. 1890, 1. 237. Cf. Cass. 7 juin 1889. S. 1890. 1. 23 et l'affaire renvoyée devant la Cour de Rouen qui s'est ralliée à la Cour de Cassation.

porterie pour tenue de maison de jeu de hasard en vertu des considérants suivants (1) : « dans les paris qui se pratiquaient chez de Laporterie, la chance prédomine manifestement sur les combinaisons de l'intelligence ; d'abord, le pari mutuel présente par sa nature même un caractère particulièrement aléatoire ; la quotité du gain, contrairement à ce qui se passe dans le pari à la cote, y est indéterminée, et elle peut varier dans des proportions considérables, échappant absolument aux prévisions des joueurs ; en effet, le gain y dépend du rapport qui existe entre les mises engagées sur le cheval gagnant et les autres mises engagées sur les autres chevaux de la course ; il en résulte que, depuis la première mise jusqu'à la dernière, le rapport change sans cesse et varie au gré du hasard, qui amène un plus ou moins grand nombre de joueurs et distribue diversement leurs mises sur les chevaux ; dans ces paris, la seule part réservée à l'intelligence du joueur se borne nécessairement au choix du cheval, mais, dans l'espèce, cet élément unique d'appréciation, lui-même, disparaissait ; en effet, il résulte des déclarations mêmes des joueurs, reçues dans l'information et à l'audience, que ceux-ci n'avaient aucune connaissance personnelle, aucune notion exacte de la valeur des chevaux engagés, de leurs origines, de leur

1. Paris, 12 juin 1890. S. 1890. 2. 185.

état au moment du départ, de l'habileté des jockeys et
autres circonstances pouvant permettre des appréciations utiles ; que, si les parieurs choisissaient les chevaux sur lesquels ils disposaient leurs enjeux, ce choix
était en réalité purement fictif ; ils n'avaient, en effet,
aucun moyen d'exercer un contrôle sérieux sur les
conditions dans lesquelles s'engageaint les paris, et
que, mûs par la seule passion du jeu, exploitée par de
Laporterie à son profit, ils ne s'en remettaient en définitive qu'au hasard pour arriver à la réalisation des
gains qu'ils espéraient. »

Nous avons terminé l'exposé de la jurisprudence
antérieure à la loi du 2 juin 1891.

Il nous reste à faire remarquer qu'en vertu de cette
jurisprudence les paris sur les champs de courses ne
pouvaient être punis que par la disposition de l'art. 475
5°, C. pén.

Or, comme il s'agit là d'une simple contravention, il
semble bien que la répression était insuffisante, soit
quant à la pénalité, même après récidive, soit surtout quant aux règles de complicité, pour réaliser le
but que l'on poursuivait de détruire complètement
l'exploitation du pari sur les courses e chevaux.

## CHAPITRE  II

### Conditions d'existence du délit nouveau créé par la loi du 2 juin 1891.

Aux termes de l'art. 4 de la loi du 2 juin 1891 : « Quiconque aura, en quelque lieu et sous quelque forme que ce soit, exploité le pari sur les courses de chevaux, en offrant à tous venants de parier ou en pariant avec tous venants, soit directement, soit par intermédiaire, sera passible des peines portées à l'art. 410 du Code pénal ».

Avant d'entrer dans l'analyse de cette disposition, rappelons que l'interprétation d'un texte pénal doit être restrictive.

Toutefois, interprétation restrictive n'est pas tout à fait synonyme d'interprétation littérale, comme on a le tort de le dire quelquefois.

Ce qu'il faut dire, c'est que, si le texte n'est pas clair, il faut chercher dans tout ce qui peut servir à découvrir l'intention véritable du législateur : seulement cette intention une fois découverte, il ne faut pas l'étendre (1).

Nous allons donc chercher l'intention du législateur, non seulement par l'analyse des termes de la loi, mais aussi en nous aidant des travaux préparatoires et des déclarations qui ont été faites à son sujet.

Des termes mêmes de cette disposition il résulte que les conditions d'existence du délit créé par la loi du 2 juin 1891 sont les suivantes :

1° il faut qu'il y ait eu exploitation du pari sur les courses de chevaux ;

2° cette exploitation doit avoir été publique, et il faut entendre par là que le parieur professionnel a offert *à tous venants* de parier ou a parié *avec tous venants* ;

Ces deux conditions sont nécessaires, mais elles sont suffisantes pour qu'il y ait délit prévu et puni par l'art. 4.

Quel que soit le lieu où le pari ait été fait ;

Sous quelque forme que ce soit ;

Qu'il ait été fait directement, ou par intermédiaire.

---

1. M. Le Poittevin à son cours. « C'est ainsi que s'explique l'importance de l'art. 364, C. Inst. crim. On a supposé qu'un fait était un crime, on l'a jugé et on est arrivé au verdict du jury. A ce moment la cour doit examiner s'il y a bien un fait défendu par une loi pénale et si cela n'est pas, elle doit absoudre l'accusé, en vertu de l'art. 364. »

*Première condition.* — Il faut qu'il y ait eu *exploitation* du pari sur les courses de chevaux.

Il est donc indispensable pour qu'un parieur tombe sous le coup de la loi qu'il *exploite habituellement l'industrie du pari sur les courses de chevaux* (1).

La loi n'a jamais défendu de s'intéresser à des exercices de vitesse ou de force ; c'est l'accessoire, c'est-à-dire l'abus qu'elle entend poursuivre.

C'est surtout l'occasion offerte, la sollicitation active, la provocation en un mot, qui est blâmable. Et qui dit provocation dit *intermédiaire*, c'est-à-dire un tiers qui, par des moyens souvent frauduleux, détermine la remise des enjeux. Voilà le jeu aux courses devenant immoral, mais non pas l'intérêt d'argent pris simplement dans un exercice salutaire et utile (2).

Mettons-nous d'abord d'accord sur un point, disait M. Béranger au Sénat. Il y a une chose qui est permise, qui doit toujours l'être, car on ne pourrait la frapper qu'à la condition de porter atteinte à la liberté de l'homme, cette chose, c'est que chacun peut parier comme il l'entend, et suivant le mode qui lui convient. Il ne s'agit pas de mettre aucune entrave à cela et, à cet égard, les sociétés de courses ont pleine satisfaction :

1. Voyez *Cass.*, 9 juillet 1896. S. 1897. 1. 155.

2. Rapport de M. Camescasse au Sénat, 25 mars 1891, n· 94 (Session 1891).

le pari continuera à s'exercer sur les hippodromes.
Ce qu'on veut atteindre, c'est seulement une industrie
malsaine, souvent malhonnête, qui a pour but, non
pas de pratiquer le jeu pour elle-même, mais d'y pro-
voquer les autres et d'en tirer un bénéfice sans s'exposer à ses chances (1).

Ainsi que le faisait remarquer M. Riotteau : « La qualité de parieur professionnel peut être aisément établie
quand il s'agit de personnes tenant une agence publique de paris aux courses, comme il en a existé à plusieurs reprises, ou installées sur les hippodromes avec
tout l'attirail ordinaire de la profession. Il est alors facile de prouver que le parieur donne à tout venant,
qu'il parie avec des personnes pour la plupart incon-
nues de lui ; que par conséquent l'opération à laquelle
il se livre ne rentre pas dans la catégorie des paris
individuels et directs, échappant à toute répression
pénale, mais qu'elle constitue une véritable exploitation
du pari. » (2).

*Deuxième condition.* — Il faut qu'il y ait eu offre de
parier *à tous venants* ou pari engagé avec *tous venants.*

Un bookmaker, un spéculateur qui fait du pari aux

1. J. *off.*, 1891. Sénat. *Débats parlementaires*, p. 348.
2. Rapport de M. Riotteau à la Chambre des Députés. 30 avril
1891. n· 1389. p. 10.

courses sa profession habituelle, ne pourra tomber sous le coup de la loi du 2 juin 1891 que s'il a offert de parier à tous venants ou engagé des paris avec tous venants.

Mais que faut-il entendre par les mots : tous venants ?

La jurisprudence n'a pas encore déterminé le sens des mots : *à tous venants*, et il y a à cela une raison, c'est qu'elle considère qu'il n'y a ici qu'une pure question d'espèce, de fait ; néanmoins elle a eu l'occasion d'examiner la question dans diverses affaires : nous allons les passer en revue, nous chercherons ensuite si nous ne pouvons tirer de ces décisions une formule théorique.

1° Un syndicat professionnel du sport hippique avait été fondé rue Pierre Lescot ; les fondateurs avaient autorisé certains bookmakers à exposer les cotes qu'ils faisaient sur les courses à venir dans le local réservé aux membres du syndicat, et à traiter des affaires avec le syndicat.

La Cour de Paris a estimé qu'il y avait là tenue de maison de jeu de hasard : « Attendu qu'il était vainement allégué que, pour pouvoir parier aux courses, rue Pierre Lescot, il fallait être membre du syndicat du sport hippique ; que cette formalité ne pouvait en aucune façon entraver le libre accès du public ; qu'il n'y avait ni enquête préalable, ni déclaration sérieuse

au sujet des admissions, et qu'il suffisait de signer une
lettre d'adhésion aux statuts pour être immédiatement,
et sans être connu des membres du syndicat, admis à
jouer (1). »

Il est évident qu'il y avait là une double fraude à la
loi, d'abord une fraude à la loi du 21 mars 1884 sur
les syndicats, ensuite à la loi du 2 juin 1891 qui réprime l'exploitation du pari à tous venants, ce que ne
réussissait pas à masquer la précaution d'une inscription préalable.

2° En 1893 et 1894, à Paris, un nommé Mahé avait
fait imprimer et répandu des circulaires par lesquelles
il offrait de servir d'intermédiaire pour parier sur les
courses de chevaux, ladite circulaire à l'entête : « Le
sport national. Direction et administration : la Garenne
de-Colombes, près Paris, 4e année. Possibilité de tri-
pler, quadrupler et décupler ses capitaux : 180 pour
100 de bénéfices nets par an. Capitaux garantis. »

La Cour de Paris a encore condamné : « Considérant
que l'impression et l'expédition d'une lettre circulaire
implique nécessairement l'offre à tous venants, au sens
de l'article 4 de la loi du 2 juin 1891, et ne permettent
pas à Mahé d'exciper de ce qu'il aurait été antérieurement en relations comme agent d'affaires avec les per-

1. Paris, 20 novembre 1892. S. 1893, 2, 205.

sonnes auxquelles il faisait parvenir sa circulaire, dont les termes sont impersonnels (1). »

3° En 1895, un bookmaker, nommé Tible, était poursuivi pour avoir, en offrant de parier à tous venants, contrevenu aux dispositions de la loi de 1891 (art. 4) et encouru les pénalités de l'article 410, Code pénal ;

Le fait qui servait de base à la prévention était celui-ci : « Tible annonçait à haute voix la cote des chevaux ».

L'agent n'avait constaté aucun échange d'argent, aucune remise de tickets ou de papier quelconque.

Le 31 octobre 1895, le tribunal correctionnel de la Seine (10ᵉ chambre) rendait le jugement suivant :

« Le tribunal :

« Attendu qu'il est constant en fait, et qu'il résulte des documents de la cause et des débats, et notamment de la déposition de Lefort, inspecteur au service des jeux, que, le 19 septembre 1895, dans l'enceinte du pesage du champ de Courses de Saint-Ouen (Seine), Tible, bookmaker, *criait à haute voix à la cantonade la cote des chevaux engagés ; qu'il faisait ainsi à tous venants l'offre de parier ;* qu'il a donc encouru l'application de l'article 4 de la loi du 2 juin 1891, qui interdit et réprime le pari sur les courses de chevaux

1. Paris, 3 juillet 1895. S. 1897, 2, 75.

en quelque lieu et sous quelque forme que ce soit, ce qui constitue le délit prévu et puni par les articles 4 de la loi du 2 juin 1891 et 410 Code pénal, dont lecture a été donnée par le président et qui sont ainsi conçus..... :

« Vu l'article 463, Code pénal.

« Condamne Tible, etc. (1) ».

L'avocat de Tible, Mᵉ Rodolphe Rousseau, soutenait dans ses conclusions devant la Cour d'appel de Paris que le fait poursuivi s'était passé dans l'enceinte du pesage, dont l'entrée n'est ouverte que moyennant 20 francs, et non sur la pelouse où l'entrée est de 1 franc ; que Tible pariait, ainsi qu'il en justifie, non avec des inconnus, mais avec des personnes habituées des courses, propriétaires de chevaux, parieurs consommés, membres des plus grands cercles de Paris, qu'il connaît personnellement ; que s'il a offert la cote, ce n'est pas à tous venants, mais bien au contraire à des partenaires de son choix ; que l'importance des paris en est la plus éclatante démonstration ; qu'il serait insensé de parier 100 ou 200 louis avec tous venants ; que Tible ne règle jamais un pari sur le champ de courses, ce qui prouve encore qu'il n'offre pas à tous venants, que le règlement des paris s'effec-

1. Trib. civ. de la Seine. 31 octobre 1895. S. 1898.1.154

tue au Salon des courses, 20, boulevard des Capuci-
nes, au siège de cette réunion, tous les huit jours,
c'est-à-dire à terme, dans des conditions qui excluent
toute idée d'opération avec le premier venu.

Rousseau ajoutait : « la question qui se pose devant
la Cour est donc une question de principe : est-il permis dans l'enceinte du pesage de parier au livre ? ».

Si non, si le pari mutuel seul peut fonctionner, il est
nécessaire que la jurisprudence le décide expressément, ce sera la mort sans phrases des paris dans l'enceinte du pesage, paris que le législateur de 1891 a
reconnus indispensables à la vie des courses.

Si, au contraire, on décide qu'il est permis de parier
au livre, il faut reconnaître que ces opérations ne peuvent se faire à voix basse au milieu du bruit inhérent
à ces réunions ; que le délit existera seulement à la
charge de celui qui, n'étant membre d'aucun cercle,
offrira réellement au *premier venu* de parier surtout
de petites sommes, lui remettre sous forme quelconque (tickets, billets, etc.), un *instrumentum* du pari,
réglera ses différences sur l'heure et en public, etc. ;
parieur visé spécialement dans le rapport de M. Riotteau sur la loi de 1891 : que la situation de Tible, ses
relations avec les hommes les plus connus et estimés
du monde des courses, son mode d'opérer sont exclu-
sifs de tout délit.

La cour d'appel de Paris, adoptant les motifs des premiers juges, confirme cependant le jugement :

« Considérant en outre : que la loi du 2 juin 1891, dans son article 4, prohibe d'une manière générale, dans quelque forme et dans quelque lieu que ce soit, toute espèce de paris aux courses, et punit des peines de l'art. 410 C. pén. ceux qui les provoquent ;

« Considérant que, dans son article 5, elle apporte sous certaines conditions une seule exception à cette règle, en faveur du pari mutuel organisé par les Sociétés de courses elles-mêmes sur leurs hippodromes ;

« Considérant que le prévenu ne se trouvant pas dans le cas prévu par l'art. 5, c'est à bon droit qu'il a été fait application de l'art. 4 ; que vainement Tible prétend échapper à la répression pénale par ce fait qu'il pratiquait le pari au livre ; qu'en effet la loi de 1891 n'admet pas d'exception en faveur de ce genre de pari lorsqu'il constitue, comme dans l'espèce, une exploitation en public de l'industrie du jeu dans un but de bénéfice personnel ;

« Considérant qu'il importe peu que le bookmaker opère dans l'enceinte du pesage, sur la pelouse, ou en quelque lieu que ce soit, ni que, dans l'intérêt de sa propre sécurité, il ne pratique le pari qu'avec une catégorie spéciale de parieurs offrant des garanties de solvabilité ; qu'il est également sans intérêt qu'au lieu de délivrer des tickets aux parieurs et de recevoir et remettre l'argent sur l'hippodrome même, il inscrive les paris sur un livre et règle les différences à terme et à domicile ; qu'en effet la loi ne distingue pas, du moment que l'offre de parier est faite à tous venants ;

« Considérant, qu'en fait, Tible est bookmaker, qu'il exploite le pari aux courses et qu'il produit lui-même des pièces de comptabilité établissant à l'évidence la nature de l'industrie à laquelle il se livre ; qu'il a été surpris sur l'hippodrome, à deux courses successives, criant la cote, et offrant des paris à un public, spécial il est vrai, mais au public ;

« Considérant, qu'il a été fait par les premiers juges une juste appréciation des faits de la cause ; que les peines prononcées sont justifiées et suffisantes...

Tible se pourvut en cassation pour violation des art. 4 de la loi du 2 juin 1891, 410 C. pén. et 7 de la loi du 20 avril 1810, en ce que l'arrêt vise a déclaré le demandeur coupable du délit prévu par l'art. 4 de loi de 1891, alors qu'il était articulé que Tible ne pratiquait de paris qu'avec des partenaires de son choix, habitués des courses et personnellement connus de lui ; que les dits paris étaient inscrits sur un livre, et que la différence en était réglée à terme et à domicile.

Mais la cour rejeta son pourvoi par les motifs suivants :

« La Cour :

« Sur le moyen unique du pourvoi, pris de la violation des art. 4 de la loi du 2 juin 1891, 410 C. pén. et 7 de la loi du 20 avril 1810 ;

« Attendu, en droit, que, suivant l'art. 4 de la loi du 2 juin 1891, quiconque, en quelque lieu et sous quelque forme que ce soit, exploite le pari sur les courses de chevaux en offrant à tous venants de parier ou en pariant avec tous venants, soit directement, soit par intermédiaire, est passible des peines portées à l'art. 410 C. pén. ;

« Attendu que cette disposition pénale est générale et absolue ; qu'elle ne comporte pas d'autre exception que celle qui est prévue par l'art. 5, en faveur du pari mutuel régulièrement autorisé sur les champs de courses ; qu'elle réprime aussi bien le pari dit « au livre » que le pari « à la cote », le pari offert dans l'enceinte du pesage que le pari sur la pelouse ; qu'il importe peu que les différences soient réglées immédiatement sur l'hippodrome, ou à terme et à domicile, et que la seule condition essentielle est que le pari soit offert à tous venants ;

« Attendu, en fait, qu'il résulte des constatations souveraines de l'arrêt entrepris que Tible exploite habi-

tuellement l'industrie du pari sur les courses de chevaux ; qu'il a été surpris sur l'hippodrome de Saint-
Ouen à deux courses successives, offrant dans l'enceinte du pesage des paris au public, à tous venants ;
et qu'ainsi le dit arrêt a fait au demandeur une juste
application de la loi ;

« Attendu, au surplus, que l'arrêt est régulier en la
forme ;

« Rejette, etc. » (1).

4° En 1899, un bookmaker fut poursuivi pour avoir
fait des paris au livre avec quelques personnes connues de lui.

Le procureur de la République près le tribunal de
la Seine, après examen des faits, dut prendre les réquisitions suivantes :

« L'inculpé ne conteste pas les faits ; mais il résulte
des témoignages recueillis par l'information que ces paris ont été reçus par des personnes connues de lui et le
connaissant ; qu'ils s'échangeaient entre lui et des propriétaires de chevaux de courses, et que ces personnes
en relations sportives avec lui réglaient avec lui toutes
leurs opérations, à la fin de chaque semaine, au cercle
du salon des courses. Il ne paraît donc pas possible
de dire que l'inculpé recevait des paris de tout venant »

1. Cass. 9 juillet 1896. S. 1898. 1. 155.

Le juge d'instruction, quelques jours après, adoptant ces motifs, rendait une ordonnance de non-lieu.

Un autre bookmaker, des plus connus, avait été également l'objet de poursuites ; comme le délit ou le prétendu délit avait été commis sur le champ de courses de Chantilly, il avait été déféré au tribunal de Senlis et poursuivi en police correctionnelle. L'affaire a été plaidée et le motif déterminant qui a amené l'acquittement du prévenu :

« Attendu qu'il y a lieu de déclarer qu'il est établi que le prévenu n'a pas dans la journée du 25 mai, fait appel à tout venant, et par suite ne s'est pas rendu coupable du délit qui lui est imputé, le renvoie des fins de la poursuite ».

Le bookmaker avait en effet parié avec un sporstman propriétaire de chevaux et non moins connu.

5° Citons enfin un arrêt qui a été inséré dans les recueils de jurisprudence avec la mention que les prévenus avaient été arrêtés sur la pelouse de l'hippodrome et qu'ils invoquaient pour leur défense l'immunité dont jouissaient en fait les donneurs au livre qui opèrent dans l'enceinte du pesage.

Le 2 juillet 1891, le tribunal de la Seine avait condamné divers bookmakers par ces motifs « que les prévenus prétendaient en vain échapper à la répression pénale par ce fait qu'ils pratiquaient le pari au livre ;

que la loi du 2 juin 1891 n'admet pas d'exception en faveur de ce genre de pari lorsqu'il constitue, comme dans l'espèce, une exploitation en public de l'industrie du jeu dans un but de bénéfice personnel ; qu'il résulte d'ailleurs des débats que les paris accompagnés de versement étaient reçus conjointement de tous venants par les prévenus sur le champ de courses ; qu'il y a donc lieu d'appliquer l'article 4 § 1 de la dite loi. »

Sur appel, la Cour de Paris a confirmé, adoptant les motifs des premiers juges, et considérant qu'il résulte de l'information et des débats qu'aux jour et lieu indiqués dans le jugement, Carion, Mullot et Alliod ont exploité le pari sur les courses de chevaux en offrant à tous venants de parier ou en pariant avec tous venants ; qu'au moment où ils ont été arrêtés sur le champ de courses, Carion inscrivait les paris sur un livre spécial, tandis que Mullot et Alliod recevaient l'argent des parieurs et effectuaient les payements ; que les prévenus ne se trouvant pas dans le cas prévu par l'article 5 de la loi du 2 juin 1891, c'est à bon droit qu'il leur a été fait application de l'article 4 de la même loi (1). »

Des diverses décisions que nous venons de reproduire pouvons-nous tirer une définition précise des mots : à tous venants ?

1. Paris, 11 août 1891. S. 1897, 1, 154, note *a*.

Tout d'abord, nous devons faire remarquer que la Cour de cassation a manqué à son devoir en négligeant de déterminer les cas dans lesquels un pari sur les courses de chevaux pouvait être considéré comme fait *à tou venant*.

Dans la troisième espèce que nous avons citée, Tible soutenait qu'il n'avait pas offert de paris à tous venants et qu'il se bornait à parier avec des individus personnellement connus de lui.

Le rapporteur à la Cour de cassation, M. le conseiller Roulier n'a voulu voir là qu'une circonstance de fait; « cet argument, pris de la situation personnelle et respective des parieurs, ne peut résulter que d'une circonstance de fait, et, à ce titre, il échappe à votre appréciation » (1). Et la Cour de cassation s'est rangée à cet avis, car elle a basé son arrêt de rejet sur ce qu'il résultait des *constatations souveraines* de l'arrêt que Tible exploitait habituellement l'industrie du pari sur les courses de chevaux et qu'il avait été surpris, sur l'hippodrome de Saint-Ouen, à deux courses successives, offrant dans l'enceinte du pesage des paris au public, à tous venants.

Or, dans l'espèce, la constatation souveraine de fait était que Tible criait à haute voix à la cantonade la

1. *Rapport sur arrêt Cass.*, 9 juillet 1896. S. 1897. 1. 135.

cote des chevaux engagés. Mais la question est précisément de savoir si l'on peut juridiquement conclure de ce fait, ainsi que l'a jugé le tribunal de la Seine, que le prévenu faisait ainsi à tous venants l'offre de parier.

Que les éléments des crimes et des délits soient ou ne soient pas définis par la loi pénale, l'autorité souveraine des cours et tribunaux, comme celle des chambres d'accusation, s'arrête à leur constatation matérielle ; elle cesse d'être souveraine, lorsqu'elle s'applique à la relation de ces faits avec la loi pénale, à leur caractère légal, en un mot, à leur qualification (1).

La qualification donnée aux faits incriminés n'est pas autre chose en effet que le rapport de ces faits avec la loi qui formule cette incrimination, et ce rapport, qui peut être contesté, renferme nécessairement une question de droit.

La Cour de cassation a donc le devoir d'examiner si les faits reconnus constants par les juges du fond ont été légalement qualifiés (2), ou si les circonstances de fait relevées par les juges de répression comme constituant les délits qui leur sont déférés présentent les caractères élémentaires de ces délits (3).

1. Faustin-Hélie. Inst. crim., n. 2267.
2. Cass. 27 février 1879. S. 1879, 1, 333.
3. Cass. 25 novembre 1859. S. 1860, 1, 181.

C'est ainsi qu'en matière d'escroquerie la Cour de cassation a le droit et le devoir de contrôler l'appréciation des juges du fond relativement au point de savoir si les faits par eux constatés ont ou non le caractère de manœuvres frauduleuses constitutives de ce délit (1).

De même, en matière de diffamation, il appartient à la Cour de cassation de rechercher et de déclarer si les circonstances relevées par les juges correctionnels comme constituant la diffamation publique présentent les caractères élémentaires de ce délit (2).

Dans notre matière, elle avait d'autant plus le devoir de donner une définition précise des mots à tous venants qu'elle-même avait cassé, comme n'ayant ni motifs ni base légale, un jugement du tribunal correctionnel de la Seine, en date du 11 janvier 1888, qui n'avait spécifié aucune des circonstances ou conditions de fait qui pouvaient donner au pari un caractère délictueux (3) et que les décisions que nous avons citées affirment simplement que l'expédition d'une lettre circulaire implique nécessairement l'offre à tous venants (4) que le fait de crier à haute voix à la cantonade la cote des chevaux

1. Cass. 28 juin 1862. S. 1862, 1, 625.
2. Cass. 17 mai 1886. S. 1886, 1, 376.
3. Cass. 29 mars 1888. S. 1890, 1. 231.
4. Paris, 3 juillet 1895. S. 1897, 2, 75.

engagés constitue l'offre de parier à tous venants (1), ou plus simplement encore que le prévenu exploitait en public l'industrie du jeu dans un but de bénéfice personnel (2).

Nous serions bien surpris si, même en prenant pour base les faits constatés ainsi souverainement par les tribunaux inférieurs, un juriste pouvait trouver dans ces divers faits les conditions essentielles du délit que prévoit et punit l'art. 4 de la loi du 2 juin 1891.

Nous ne trouvons donc aucune indication pour la définition que nous cherchons, ni dans les décisions du tribunal de la Seine ou de la Cour de Paris, ni dans les arrêts de la Cour de Cassation postérieurs à la loi de 1891.

Nous trouvons au contraire une excellente indication dans l'ordonnance d'un juge d'instruction de la Seine en date du 5 juillet 1899, que nous avons citée plus haut et que le Ministre de l'agriculture, dans la séance de la Chambre des députés du 6 février 1900, qualifiait avec raison d'ordonnance de principe ; cette ordonnance déclare non délictueux comme n'étant pas des paris de tout venant : « les paris reçus par des personnes connues du donneur au livre et le connaissant ; les paris échangés entre lui et des propriétaires

1. Seine, 10e chambre, 31 octobre 1895, S. 1897, 1, 154.
2. Trib. corr. Seine, 10 juillet 1891. S. 1897, 1, 154, note a.

de chevaux de courses », alors que « ces personnes en relations sportives avec lui réglaient avec lui toutes leurs opérations, à la fin de chaque semaine, au cercle du salon des courses » (1).

Nous devons remarquer en outre que l'expression *à tous venants* se trouve déjà dans les arrêts de la Cour de cassation antérieurs à la loi de 1891 ; or, nous savons que le législateur de 1891 a voulu compléter et fixer la jurisprudence antérieure à son œuvre ; par conséquent, c'est dans ces arrêts que nous devons certainement trouver la définition que nous cherchons.

Prenons le dernier arrêt relatif à notre question ; la Cour décide : « que les paris individuels, dits paris à la cote, intervenus à l'occasion des courses de chevaux, constituent nécessairement des jeux de hasard, soit lorsqu'ils sont engagés avec des personnes étrangères aux habitudes des courses et incapables d'apprécier les qualités des chevaux inscrits, soit lorsque les *donneurs*, s'adressant indistinctement à la masse du public, offrent la cote à tous venants ; qu'en effet, dans ces circonstances, l'opération à laquelle se livrent les parieurs n'implique ni raisonnement, ni calcul de combinaisons » (2).

1. *J. off. Débats parlementaires. Chambre des députés*, séance du 6 février 1900, p. 329.
2. Cass., 8 décembre 1888. S. 1889. 1. 135. — Cass , 10 décem-

La distinction entre parieurs capables et incapables devait nécessairement paraître absurde à un sportsman comme M. Riotteau, et nous croyons qu'il l'a nettement rejetée, mais, au contraire, ce qui lui paraissait surtout dangereux, c'était l'exploitation du pari public, c'est-à-dire fait avec le public ou offert à la masse du public, et c'est là ce que le législateur a voulu prohiber en défendant l'exploitation du pari à tout venant.

« Est-il possible, même si l'on accepte la définition la plus large (1), de retrouver les caractères juridiques du jeu de hasard dans le pari aux courses, disait M. Riotteau? Est-ce le hasard qui prédomine dans l'évènement qui règle le pari? évidemment non. Est-ce le hasard qui prédomine dans l'opération qui lui sert de base? dans le choix du cheval par le parieur? Mais l'intérêt même du parieur l'engage à raisonner cette opération, et dans la pratique, nous le voyons s'y évertuer consciencieusement. D'ailleurs ne lui en fournit-on pas de toutes parts les moyens ?

Les renseignements quotidiens que la presse donne

bre 1887. S. 1888. 1. 42. — Cass. Belge, 8 nov. 1886. S. 1888. 4.83.

1. D'après cette définition, le jeu de hasard serait « celui où la chance prédomine sur l'adresse et les combinaisons de l'intelligence. »

au public sur l'origine des chevaux, sur les épreuves qu'ils ont déjà subies, sur les dispositions physiques dans lesquelles ils se trouvent à la veille même de la course, ne permettent-ils pas au premier parieur venu d'affirmer que le choix qu'il a fait de tel ou tel cheval, est un choix éclairé, une opération dans laquelle prédominent les combinaisons de l'intelligence. Tout concourt donc à faire présumer que le hasard n'a pas été le seule guide du parieur dans le choix de tel ou tel cheval. Dans ces conditions, comment la justice pourrait-elle distinguer parmi les parieurs ceux qui sont hors d'état d'apprécier les chances respectives des chevaux, et ceux que le hasard seul conduit, si ce n'est au moyen de présomptions contraires ?

« Aussi la jurisprudence, après avoir cherché dans la forme, les combinaisons ou les conditions du pari, ou bien encore dans le fait qu'il se traitait dans l'enceinte des hippodromes ou au dehors, des raisons de l'assimiler à un jeu de hasard, s'est-elle arrêtée à une base d'appréciation plus facile. Sans craindre de se mettre en complet désaccord avec les faits, elle a posé en principe que le parieur de profession, pariant avec tous venants, pariait nécessairement avec des ignorants, avec des personnes s'en remettant uniquement au hasard dans le choix qu'elles faisaient de tel ou tel cheval. Cette présomption une fois admise, la jurisprudence a mis à la charge de l'inculpé la preuve contraire (1). »

Cette dernière affirmation est peut-être excessive, la présomption qu'un parieur de profession avait parié avec des ignorants a été déduite dans certains cas de ce que ces parieurs avaient refusé ou n'avaient pu indiquer les personnes avec qui ils avaient parié, en sorte qu'ils ne contredisaient en rien les affirmations contenues dans les procès-verbaux et en vertu desquelles ils étaient inculpés d'avoir parié avec tous venants ; mais il n'en résulte pas qu'il suffise d'affirmer que le parieur de profession a parié avec tous venants, il faut au contraire, ainsi que l'a décidé la Cour de cassation dans un arrêt antérieur à 1891, il est vrai, mais qui consacre un principe immuable : « constater et spécifier avec soin les circonstances dans lesquelles le pari s'est engagé, puisque cette constatation peut seule permettre de vérifier si le fait incriminé a reçu une qualification légale » (2).

Quoi qu'il en soit, nous croyons que le législateur a entendu rejeter la distinction entre gens compétents et gens incompétents en matière de courses parce

1. Rapport à la Chambre des Députés. 30 avril 1891, n° 1389 p. 10 et 11.

2. *Cass.*, 29 mars 1888. S. 1890. 1. 234.

qu'elle ne pouvait être qu'une source de difficultés et d'arbitraire.

Mais, au contraire, le législateur a voulu consacrer la jurisprudence qui réprimait la profession de parieur quand celui-ci s'adressait *indistinctement à la masse du public* (1), et ce sont ces mots que nous trouvons dans l'arrêt du 8 décembre 1888 comme synonyme de *tous venants* qui forment la définition jurisprudentielle, consacrée par la loi, de cette expression.

Ainsi :

1° *exploitation*, c'est-à-dire profession habituelle du pari sur les courses de chevaux ;

2° exploitation du pari fait ou offert *à tous venants*, c'est-à-dire indistinctement à la masse du public.

Tels sont les deux caractères essentiels constitutifs du délit prévu et puni par la loi du 2 juin 1891.

Ce délit, on le voit, est un délit d'habitude, il faut donc une série de faits réitérés pour le constituer ; on pourrait objecter que le mot exploitation comprend à lui tout seul les deux conditions, mais il faut remarquer que l'exploitation comme l'habitude peut résulter de faits réitérés, mais à l'égard d'une seule personne (2), tandis qu'en exigeant la deuxième condition

1. *Cass.*, 8 décembre 1888. S. 1889. 1. 136.
2. Voir à ce sujet. 25 août 1890. S. 1892. 2. 138.

de paris à tous venants, le législateur montre bien son intention de punir *l'exploitation du public.*

Quand les deux conditions que nous venons d'indiquer sont réalisées, les éléments constitutifs du délit sont réunis, le pari sur les chevaux de courses tombe sous le coup de la loi.

Ces deux conditions sont nécessaires, essentielles, mais elles sont suffisantes.

Le délit existera donc :

1° *quel que soit le lieu* où se soit produite l'exploitation du pari.

Il n'y a donc aucune distinction à faire, ainsi qu'on l'a essayé, suivant que le pari est fait au pesage (1) ou sur la pelouse (2), suivant que le pari est fait dans un lieu public ou dans un lieu privé, sur les champs de course ou en dehors (3).

D'après certains auteurs et en particulier M. Laya : « les dispositions de l'article 4 de la loi et de l'article 410 c. pén., s'appliquent à tout individu qui aura : 1° exploité le pari aux courses ; 2° l'aura exploité dans un lieu public de sa nature ou que les circonstances de la cause permettront de regarder comme tel ». Il est probable que ces auteurs ne se sont pas rendus

1. Cass. 9 juillet 1896. S. 1897. 1. 155.

2. Paris. 11 août 1891. S. 1897. 1. 154 note a.

3. Dalloz. Supplément au *Rep. alph.* v° *jeu et pari*, n° 86.

compte exactement des travaux préparatoires, et de la portée du texte de l'article 4 de la loi de 1891, car il n'y est pas du tout question de la publicité du lieu.

Il est vrai que M. Laya dit aussi que l'expression *à tous venants* n'aurait absolument aucun sens si elle ne désignait pas l'exploitation publique du pari (1). Cette formule est exacte, mais il faut dire, contrairement à l'explication donnée, que le caractère de publicité ne dépend nullement du lieu où l'opération incriminée se serait produite : le texte de l'art. 4 (en quelque lieu que ce soit) nous impose cette interprétation qui se trouve confirmée par les explications de M. Riotteau.

2° La loi ajoute que le délit existe, quelle que soit la forme dans laquelle le pari soit exploité.

Du moment qu'il y a exploitation du pari et que le pari est à tous venants, la prohibition de la loi s'applique, qu'il s'agisse de pari à la cote ou de pari mutuel, peut-être même du pari au livre ; mais, pour cette forme de pari, nous croyons, ainsi que nous le démontrerons plus loin, qu'il faut faire une distinction.

3° Enfin il importe peu que le pari ait été fait, « soit directement, soit par intermédiaire », (art. 4, loi du 2 juin 1891).

1. Laya. *op. cit.* n° 42.

Très souvent, en effet, les délinquants prétendaient agir pour le compte de patrons qu'ils ne pouvaient d'ailleurs ou ne voulaient pas faire connaître ; très souvent aussi des bookmakers enrichis faisaient faire les opérations par des employés qui se sacrifiaient aux risques de l'industrie.

Le juge a reçu la mission de frapper la véritable exploitation du pari dans tous les cas.

*L'exploitation du pari à tous venants* est donc punie par la loi, quel que soit le lieu où elle est pratiquée, sous quelque forme que ce soit et enfin qu'elle le soit directement ou par intermédiaire.

Cette formule si rigoureuse paraissait devoir écarter toute espèce de pari public, mais la suppression des paris aurait entraîné la suppression des courses.

Il a donc fallu chercher une solution moyenne et transactionnelle.

Cette solution devra s'inspirer de deux nécessités qui nous paraissent aujourd'hui également démontrées : celle de restreindre, dans la plus large mesure possible, les abus du pari aux courses ; celle d'assurer l'existence et la prospérité des courses de chevaux dans l'intérêt de l'élevage et de la défense nationale.

En conséquence, tout en frappant avec la plus grande rigueur l'exploitation du pari à tous venants, le législateur a dû admettre une exception à la rigoureuse prohibition qu'il avait édictée (1).

L'art. 5 de la loi du 2 juin 1891 la formule ainsi : « Toutefois les sociétés remplissant les conditions prescrites par l'art. 2 pourront, en vertu d'une autorisation spéciale et toujours révocable du ministre de l'agriculture, et moyennant un prélèvement fixe en faveur des œuvres locales de bienfaisance et de l'élevage, organiser le pari mutuel sur leurs champs de courses exclusivement, mais sans que cette autorisation puisse infirmer les autres dispositions de l'art. 4.

« Un décret rendu sur la proposition du ministre de l'agriculture déterminera la quotité des prélèvements ci-dessus visés, les formes et les conditions de fonctionnement du pari mutuel ».

En somme, d'après M. Riotteau, rapporteur à la Chambre des députés, le projet de loi pouvait se résumer ainsi.

« Interdiction des courses n'ayant pas pour objet exclusif l'amélioration de la race chevaline ;

« Suppression du pari public exploité et sur les champs de courses ou en dehors ;

« Exception seulement en faveur du pari mutuel limité exclusivement aux champs de courses comme

1. M. Riotteau, *op. cit.*, p. 23.

étant la forme de pari la moins propre à surexciter la passion des parieurs et à altérer la sincérité des épreuves, l'exploitation de ce pari ne devant rapporter de bénéfice qu'à l'Assistance publique et à l'élevage, et l'autorisation à laquelle il donnera lieu restant tou-jours révocable ;

« Suppression rigoureuse de toute agence d'exploitation du pari public aux courses, sous quelque formes et en quelque lieu qu'elle fonctionne » (1).

De ces déclarations ainsi que de l'interprétation que nous avons donnée de l'art. 4 de la loi du 2 juin 1891, nous croyons qu'il faut décider en outre, malgré la formule extensive de cette disposition, que le pari au livre échappe, en principe, à l'application de la loi.

Ainsi que l'a reconnu M. Riotteau, le pari au livre avait toujours été épargné par la jurisprudence ; donnant lieu à des transactions entre personnes appartenant au monde des courses et se connaissant, il se traitait à terme, sans dépôt préalable d'argent et se réglait en dehors des hippodromes.

Il n'offrait aucun danger tout au moins pour les petites gens qui croient dans les courses trouver la fortune.

« Mais, sous la pression des habitudes de jeu que

1. Rapport à la Chambre des Députés, 30 avril, 1891, n· 1389. p. 28 et 29.

ces mesures essayaient de réprimer, le pari au livre a pris une forme nouvelle et une extension chaque jour croissante. Il incarne aujourd'hui l'ancien pari à la cote. Les piquets, les listes, les appels ont disparu ; mais les donneurs ou bookmakers les ont remplacés par de grands carnets, sur lesquels ils inscrivent le nom et l'adresse du parieur qu'ils sont censés connaître et le montant du pari. Un dépôt d'argent plus ou moins déguisé préside ou accompagne nécessairement cette opération. A l'abri de ce stratagème, ils continuent les opérations auxquelles ils se livraient jadis au comptant. L'argent ne s'échange pas pendant les courses comme auparavant. Les paris se règlent seulement à la fin de la séance. Les bookmakers, déguisés sous le nom de « donneurs au livre » ont ainsi hérité de toute la clientèle du pari mutuel. Le parieur est entièrement à leur merci. Cette absence à peu près complète de garanties ne diminue pas sensiblement le nombre des parieurs ; en revanche, elle aggrave les abus auxquels les paris peuvent donner lieu.

« Si nous jetons les yeux en dehors des hippodromes, nos constatations ne seront pas moins fâcheuses. On n'a pas oublié le développement incroyable qu'avaient pris dans Paris, il y a deux ou trois ans, les agences de paris aux courses. Nous n'en sommes pas encore revenus à ce scandaleux étalage du jeu, mais

ce n'est pas sans crainte que nous voyons se reconstituer les agences dont les annonces, chaque jour plus
nombreuses, s'alignent dans les colonnes de certains
journaux de sport. Ce n'est plus la « commission au
pari mutuel » que ces agences pratiquent, mais la
« commission au pari au livre ». Elles servent d'intermédiaires entre le bookmaker et le parieur qui est
ainsi dispensé de se rendre sur le champ de courses.
Les paris se règlent sur la cote que les chevaux
avaient au moment du départ, et comme cette cote
n'est plus affichée sur les hippodromes, la fixation est
à peu près arbitraire.

De l'avis de tous les gens compétents, la situation
est pire qu'elle n'a jamais été. La morale n'y a rien
gagné ; l'Assistance publique y perd d'importants sub-
sides, et les sociétés une partie considérable de leurs
ressources, au grand détriment de l'élevage » (1).

C'est dans ces explications que nous trouvons la
véritable interprétation de la loi relativement au pari
au livre.

Ce que le législateur a voulu frapper, c'est « l'agence
de pari de courses, hors des hippodromes, quelque
genre de pari qu'elle exploite... Ce n'est pas en effet,

1. Rapport à la Chambre des Députés, 30 mars 1891, n° 1389,
p. 5 et 6.

sur le champ de courses que le pari est le plus dangereux. C'est au dehors, lorsque le parieur devient le client de ces agents, qui le guettent dans les cafés, ou les cabarets, chaque jour plus nombreux, qui vont le chercher jusque dans les antichambres, les ateliers ou les magasins. »

Le 25 février 1899, M. Chauvin, député de Seine-et-Marne, affirmait à la tribune de la Chambre des Députés :

« La jurisprudence très nette, aussi précise que possible, est venue interpréter cette loi de 1891. Dans une décision que j'ai sous les yeux et intervenue en 1892 à propos d'un des rares bookmakers qui aient été poursuivis, la jurisprudence a déclaré qu'il n'y avait pas lieu de distinguer entre le bookmaker qui ferait des opérations en s'adressant au grand public, en donnant à tout venant, et celui qui s'abriterait derrière cette explication qu'il ne ferait d'opérations qu'avec un public choisi.

« La jurisprudence est formelle : pas de distinction, pas de différence, soit que le donneur au livre opère avec n'importe qui, soit qu'il opère avec ce public choi- qui règle ses différences au salon des courses. Le délit est le même, la répression doit être identique (1).

M. Chauvin, dans ces conditions, demandait au Gou-

1. *J. off. Déb. parl.* Chambre des Députés, p. 498.

vernement de « vouloir bien déclarer à la Chambre qu'il a l'intention désormais de tenir la main à l'exécution stricte de la loi de 1891, qu'il voudra bien faire donner les ordres nécessaires à la police, aux agents auxiliaires de M. le Procureur de la République pour que ceux-ci aient soin, chaque fois qu'ils verront un bookmaker opérer au pesage ou sur la pelouse, d'appréhender immédiatement ce bookmaker et de le conduire devant les magistrats compétents qui auront à apprécier en leur conscience le délit ».

A la suite de cette question, le ministre de l'Intérieur donna des ordres pour que la sévérité la plus grande fût apportée dans la surveillance des enceintes des courses afin d'interdire toute espèce de pari autre que le pari mutuel sur les hippodromes.

Cette interdiction ayant été violée, des contraventions, des procès-verbaux furent dressés contre certaines personnes et des poursuites exercées ; elles aboutirent à l'ordonnance de non-lieu rendue par le juge d'instruction du tribunal de la Seine le 5 juillet 1899 et au jugement de Senlis que nous avons cités, renvoyant des fins de la poursuite des bookmakers qui n'avaient parié qu'avec des gens qu'ils connaissaient.

Ainsi, disait le ministre de l'Agriculture à la Chambre des Députés dans la séance du 6 février 1900 :
« On avait interdit toute espèce de paris sur le

champ de courses, conformément à la décision ministé-
rielle du mois de février. Des personnes continuent
cependant à parier sur les hippodromes ; des poursuites sont exercées devant le tribunal de la Seine et devant le tribunal de Senlis, et les inculpés sont renvoyés des fins de la poursuite par ce motif que, tout en
constatant qu'ils ont bien parié, le juge d'instruction de
la Seine, et le tribunal de Senlis ensuite, déclarent qu'ils
n'ont pas parié avec tout venant ; c'est une question
d'espèce, de fait. Toutes les fois que le tribunal, étant
donnée cette jurisprudence, constatera que le délinquant
n'aura pas parié avec tout venant, il acquittera (1) ».

Dans ces conditions concluait le ministre de l'Agriculture : « Je demande ce que M. le président du Conseil, ministre de l'Intérieur, pourrait faire, sinon tenir
la main à la constatation des délits qui résultent de
ce que les délinquants jouent avec tout venant.

*M. Emile Chauvin.* — Ils le font tous les jours à
l'heure actuelle.

M. le Ministre, s'il est exact, comme vous l'affirmez,
qu'à l'heure actuelle les industriels que vous avez si-
gnalés pratiquent le pari au livre avec tout venant,
c'est-à-dire offrent au public des paris pour ou contre

1. Chambre des Députés. Séance du 6 février 1900. *J. off. Déb.
parl.*, p. 329 et 330.

des chevaux, ils commettent des délits, et je n'hésite-
rai pas un instant à faire poursuivre ces délits, parce
qu'en effet la loi de 1891 est violée.

Mais encore une fois, nous sommes bien d'accord sur
ce point, qu'il ne peut y avoir là qu'une décision d'espèce, et que, s'il n'est pas démontré que ces industriels
pratiquent des paris avec tout venant, il est impossible
au ministre de l'Intérieur de se soustraire à la jurisprudence que je viens de vous indiquer et qui, aujour-
jourd'hui, limite et règle son action (1) ».

On ne peut en effet raisonnablement soutenir qu'un
bookmaker parie « avec tous venants », s'il se borne
à inscrire sur son livre les paris de telle ou telle personne appartenant à sa clientèle habituelle qu'il débite
ou crédite suivant les résultats de la course (2).

Le pari au livre pratiqué entre gens qui se connaissent est donc parfaitement licite et son exploitation
même, pourvu qu'elle se restreigne aux gens que connaît le parieur de profession, est complètement en dehors de l'application nouvelle. La jurisprudence s'est
chargée de répondre sur ce point à M. Emile Chauvin.

Par conséquent, ainsi que l'a fort bien dit M. de
Ramel, il appartient aux tribunaux de rechercher quels

1. *J. off*. Séance du 6 février 1900, p. 330.
2. Frérejouan du Saint. *Jeu et pari*. n° 171. p. 223.

sont les actes véritables qui leur paraissent avoir été déguisés sous une forme légale en apparence, et ils peuvent décider que, dans les circonstances de l'affaire qui leur est soumise, le pari au livre était en réalité « un pari avec tous venants », entre personnes ne se connaissant pas et qui n'ont été amenées à parier ainsi et à s'adresser aux bookmakers que par la connaissance qu'elles avaient acquise, par une publicité organisée ou par des intermédiaires, de la possibilité de parier par le concours d'un bookmaker dont la fidélité aux engagements leur était affirmée (1).

Le texte de la loi nous paraît ainsi justifier complètement les commentaires qui l'ont précédé : le délit, qui est prévu et puni, c'est l'exploitation (délit d'habitude) du pari à tout venant (c'est-à-dire public).

Les paris sur les chevaux de course, entre particuliers, même quand il y a exploitation, mais à titre privé, sont en dehors de la loi.

Mais la distinction est bien délicate et nous ne saurons assez regretter que le législateur, et à son défaut la cour de Cassation, n'aient pas mieux délimité le sens exact des mots : *à tous venants*. L'incertitude où l'on se trouve ne peut amener que des mesures arbitraires et ne peut que compromettre le respect dû à la loi.

1. *Paris-Sport*. 1899. n° 70.

# CHAPITRE III

## Règles relatives à la complicité en matière de paris sur les courses de chevaux.

Nous avons vu, dans le chapitre précédent, que la loi de 1891 avait fait de l'exploitation du pari sur les courses de chevaux un délit d'habitude, soumis à l'application de l'article 410 C. pén., si les paris étaient faits ou offerts à tous venants, c'est-à-dire indistinctement à la masse du public.

Nous avons vu que, pour restreindre les abus du pari aux courses, le législateur a voulu en interdire d'une façon générale *l'exploitation*, en empêcher l'industrie, en quelque lieu et sous quelque forme qu'elle se produise, en appliquant, par un texte précis à ces faits désormais délictueux, les dispositions de l'article 410 du Code pénal.

Pour assurer mieux la répression, le législateur est allé plus loin : « Il est de toute nécessité, disait M. Riotteau, que la législation nouvelle atteigne de la manière la plus complète l'agence de pari de courses hors des hippodromes, quelque genre de pari qu'elle exploite, les vendeurs de pronostics, tous les industriels en un mot qui racolent des clients dans toutes les classes, et principalement parmi les classes laborieuses qu'il faut désormais préserver de ce danger quotidien.

« Il faut également frapper ceux qui se font les complices de cette industrie en lui prêtant leurs établissements, ajoutait M Riotteau (1) ».

A vrai dire, plusieurs des personnes que cite le rapporteur ne coopèrent à l'acte principal, ni par provocation, ni par moyens fournis, ni par aide ou assistance ; il n'apparaît même pas qu'il y ait toujours un fait délictueux principal, il n'y a donc pas complicité, même dans le sens le plus large.

Mais les plaintes formulées contre les abus des paris aux courses avaient été si vives que la sévérité du législateur était sollicitée au plus haut degré.

Avant la loi du 2 juin 1891, l'exploitation du pari sur les hippodromes échappait, comme contravention, aux règles de la complicité ; la loi de 1891 a fait de cette exploitation, tout au moins quand elle porte sur le public, un délit-contravention, mais en somme

1. Rapport précité, p. 23 et 24.

un délit et, par conséquent, un fait auquel les règles de la complicité sont applicables.

Cette application, l'article 4 l'a édictée, mais, de plus, il a énuméré un certain nombre de faits dont les auteurs doivent être poursuivis comme complices et punis comme tels, et cette énumération est si extensive qu'elle embrasse même des faits qui sont plutôt ceux d'auteur principal ou de co-auteurs que de complices.

C'est ainsi que la loi punit comme complice :

1° Quiconque aura servi d'intermédiaire pour les paris dont il s'agit, ou aura reçu le dépôt préalable des enjeux ;

*a*. — Elle punit d'abord les intermédiaires.

Avant la loi de 1891, nous l'avons vu, la Cour de cassation avait déclaré valable le mandat donné à un commissionnaire au pari mutuel (1).

Dès que la décision de la Cour de Cassation relative à la validité du mandat que pouvaient donner les parieurs aux commissionnaires du pari mutuel fut connue, le ministre de l'Intérieur, par arrêté du 21 juin 1890, ordonna la fermeture immédiate des agences de commission au pari mutuel et défendit de participer au pari par l'entremise de mandataires au moyen de commissions données en dehors du champ de courses.

1. Cass. 3 mars et 7 juin 1889, S. 1890, 1.236.

Les arrêtés administratifs se trouvaient ainsi en contradiction avec la jurisprudence de la Cour de Cassation.

La loi du 2 juin 1891 tranche toute hésitation en condamnant tout intermédiaire à l'exploitation d'un pari public quelconque.

Il en serait de même pour le pari au livre public. M. Riotteau l'a formellement prévu : « L'industrie de l'intermédiaire au pari n'a pas de préférence. Elle le prouve bien aujourd'hui en accommodant ses intérêts aux mesures prises contre le pari sur les hippodromes et en se transformant en agences de pari au livre ».

L'article 410 C. pén. serait donc applicable dans ce cas.

6. — Elle punit aussi ceux qui ont reçu le dépôt préalable des enjeux.

Cette disposition vise les mandataires réguliers qui, au lieu de faire comme la plupart des commissionnaires qui prenaient à leurs risques les paris que leur apportait le public, auraient simplement exécuté les ordres de ce public en portant aux guichets du pari mutuel le montant des enjeux qui leur étaient confiés.

Même sous cette forme, le rôle de l'intermédiaire est prohibé.

1. Rapport précité, n· 1389, p. 27 et 28.

Il en résulte qu'une société de courses elle-même, quoique autorisée régulièrement, commettrait le délit de l'art. 410 si elle employait des intermédiaires, en dehors du champ de courses, ou courtiers chargés de recevoir les enjeux pour en faire le versement à ses guichets (1).

Il faut bien reconnaître que, malgré la sévérité de la loi, les agences ont continué de fonctionner clandestinement dans Paris.

« Le mal, dit M. Tillaye, ne pourrait être combattu que par une surveillance plus sérieuse de la police et par une recherche continue de ces agences interlopes où va s'engloutir l'argent des ouvriers, des domestiques et des petits employés (2) ».

1° L'art. 4 dit ensuite que doit être réputé complice du délit ci-dessus déterminé et puni comme tel:

Quiconque aura, en vue de paris à faire, vendu des renseignements sur les chances de succès des chevaux engagés.

Cette disposition visait toute une catégorie d'escrocs qui, sous le nom de *tipsters* et sous divers habits, prétextant leur connaissance des hommes et des choses du sport, faisaient miroiter aux yeux des naïfs l'ap-

---

1. Cass. 6 novembre 1890. *Pand. Franç.* 1891. 1. 457, Paris 9 décembre 1891. *La loi*, 27 février 1892.

2. Rapport au Sénat. 12 mars 1900, n° 59, p. 2.

pât de gains énormes sur de prétendus renseignements
et vendaient souvent fort cher des *tuyaux* de pure
fantaisie.

Ce danger ne résultait pas seulement de l'escroquerie que commettaient ces vendeurs de renseignements, mais surtout de la provocation au jeu qui
résultait de leurs manœuvres et de la propagation du
délire du jeu qu'elles entraînaient, en réalité ; c'étaient
là les meilleurs pourvoyeurs des agences.

La justice avait depuis longtemps cherché à atteindre cette industrie dangereuse ; à différentes reprises
des poursuites avaient été intentées contre les vendeurs de pronostics, mais les décisions rendues à leur
égard présentaient une trop grande incertitude, ainsi
qu'il est facile de le constater d'après le texte des différents arrêts rendus sur la matière et ne pouvaient
par suite amener aucune solution.

En effet, dans un premier jugement rendu le 23 août
1887 (1), la dixième chambre du tribunal correctionnel
de la Seine acquittait les marchands de pronostics, en
se basant sur les motifs suivants : « Attendu que s'il
est établi que les prévenus ne trouvent habituellement
leurs moyens d'existence que dans le fait de vendre
sur la voie publique ou dans le voisinage des champs

1. *Journal le Droit*, 24 août 1887.

de courses, des renseignements plus ou moins sérieux sur les chevaux engagés dans les courses, il n'est pas établi qu'ils se livrent à des jeux illicites, les paris sur les courses de chevaux n'étant reconnus illicites que dans des conditions particulières, et que dès lors il n'est pas établi que les prévenus aient favorisé des jeux illicites »...

Deux ans plus tard la même chambre revenait sur cette décision, et son jugement en date du 16 avril 1889 (1) décidait que les vendeurs de pronostics étaient coupables, lorsqu'ils avaient vendu des renseignements à des personnes étrangères aux habitudes des courses.

« Attendu disent les considérants de ce jugement que D... a reconnu que ses opérations consistaient le plus souvent à vendre des renseignements sur les chances des chevaux engagés dans les différentes courses...

Attendu que de nombreux témoins ont reconnu avoir acheté des pronostics, reconnaissant d'ailleurs qu'ils n'entendent absolument rien aux courses ; qu'ils n'avaient aucune connaissance personnelle, aucune notion exacte de la valeur des chevaux, de leur origine, de leur état au moment du départ non plus que de

1. *Gazette du Palais*, 89, 1-656.

l'habileté du jockey et que de leur part le choix qu'ils faisaient des chevaux sur lesquels ils pariaient était absolument fictif »...

La loi de 1891 mettait fin à toute incertitude, mais ces industriels, pour éviter des poursuites et des condamnations, se sont ingéniés à tourner la loi et ils ont réussi, en installant à l'étranger des bureaux de correspondances.

« Certains journaux consacrent toute une page, quelquefois plus, à leurs annonces retentissantes.

« Ils préviennent chaque jour le public qu'il suffit de leur écrire en Angleterre, en Belgique, en Hollande, en Suisse pour recevoir, moyennant argent bien entendu, des renseignements sûrs, des *certitudes* sur les courses qui vont avoir lieu et sur le moyen d'y faire fortune avec un enjeu minime. Les correspondants installés à l'étranger sont des compères servant purement et simplement d'intermédiaires aux vendeurs de pronostics, qui opèrent en France. Le télégraphe et le téléphone rendent ce genre d'opérations très facile et très simple.

« Il est impossible d'atteindre à l'étranger les correspondants en question. Le Parquet a songé à poursuivre les journaux et les a menacés. Quelques-uns se sont inclinés. Les autres n'ont tenu aucun compte des avertissements de la justice. En l'absence de textes précis, le Parquet est resté impuissant » (1).

Il n'est guère possible de faire tomber sous le coup de la loi du 2 juin 1891, en effet, que la mise en vente d'une feuille où les appréciations sur les chances de succès des chevaux jouent un rôle capital. C'est dans ce cas seulement que les auteurs et bénéficiaires de la vente du prétendu journal, et les intermédiaires (2), peuvent être déclarés responsables. Quand le journal avait simplement perçu le prix de ses annonces, au contraire, il paraissait irresponsable.

Cependant toutes ces annonces ne constituaient en somme qu'une vaste escroquerie, car les renseignements envoyés étaient le plus souvent pris au hasard, les superbes bénéfices annoncés n'existaient en réalité que sur le papier ; aussi la clientèle de tous les marchands de pronostics se recrutait-elle peu dans les classes aisées, généralement plus au courant des questions de courses et s'étant vite rendues compte de l'inanité de ces promesses, mais bien parmi les ouvriers, les domestiques, les petits employés, qui, fascinés par leurs offres alléchantes et l'espoir d'acquérir une fortune rapide n'hésitaient pas à abandonner aux mains de ces indus-

1 . Rapport de M. Tillaye au Sénat, 12 mars 1900, n° 59, p. 4 et 5.

2. Seine, 10° chambre, 24 juin 1892, *La loi*, 18 août 1892.

triels peu scrupuleux le fruit de leur travail et de leurs économies.

Dans ces conditions, il était donc nécessaire, indispensable même, que des mesures énergiques fussent prises pour suppléer à cette lacune de la loi de 1891 qui laissait ainsi porte ouverte à l'un des abus qu'elle avait voulu proscrire.

C'est le but que s'est proposé la loi du 1er avril 1900, qui modifiant le § 2 de l'art. 4 de la loi du 2 juin 1891, décide, que sera réputé complice, et puni comme tel quiconque aura, en vue de paris à faire, vendu des renseignements sur les chances de succès des chevaux engagés, ou qui par des avis, circulaires, prospectus, cartes, annonces, ou par tout autre moyen aura fait connaître l'existence soit en France, soit à l'étranger d'établissements d'agences ou de personnes vendant ces renseignements ».

Il est facile de se rendre compte de l'importante modification qu'apporte à la législation précédente, l'addition de ces nouvelles dispositions ; désormais le simple fait d'avoir publié l'annonce d'un vendeur de pronostics fera tomber son auteur sous le coup de l'application de l'article 410 Code pénal.

Mais il est un point sur lequel les dispositions de la loi nouvelle pouvaient laisser planer un certain doute. Les journaux s'occupant spécialement de la question des courses publient chaque jour des renseignements sur la valeur des chevaux qui doivent prendre part aux courses de la journée, et indiquent ceux qui d'après leurs pronostics raisonnés ont le plus de chance de gagner. Ne devra-t-on pas dire que ces journaux en publiant ces renseignements tombent sous le coup de la loi nouvelle. La question a été posée lors de la discussion de la loi au Sénat, et nous ne croyons mieux pouvoir la résumer qu'en citant les paroles du rapporteur.

« La proposition de loi ne vise pas les journaux qui publient des renseignements techniques sur la valeur des chevaux et sur les chances qu'ils ont de gagner.

Il s'agit de mettre un terme à une véritable escroquerie dont certains journaux spéciaux et même politiques se sont faits les organes ; il s'agit de supprimer ce trafic honteux de la crédulité publique et de sauver ces milliers de malheureux qui vont engloutir dans les paris sur les courses leurs économies et le fruit de leur travail.

« Ce qu'on veut réprimer c'est le commerce non pas des journaux de courses, mais des écumeurs du turf qui annoncent que moyennant des mises modestes les joueurs peuvent gagner des sommes considérables (1) ».

1. Séance du 25 mars 1900. *Journal officiel. Débats parlementaires.*

C'est sur le même principe d'ailleurs qu'a été basée la législation anglaise, qui décide dans le bill du 8 juin 1874, venant modifier celui du 23 août 1853.

« Que tout envoi, toute exhibition ou publication, lettres, circulaires, placards, affiches à la main, cartes, avertissements quelconques ayant pour but :

1° D'indiquer au public soit les individus qui dans le royaume uni, ou partout ailleurs, sont prêts à fournir des informations ou des avis relativement à des paris, ou à des gageures, ou encore à tout évènement aléatoire, à toute éventualité, quelle qu'elle soit, prévus par l'acte de 1853, soit les individus qui se livrent pour le compte d'autrui aux dits gageures ou paris.

2° D'amener le public à se rendre soit dans une maison, agence, chambre, local, soit près d'une tierce personne pour obtenir des informations ou avis dans le but sus-indiqué.

3° D'inviter le public à prendre part à des paris ou gageures « rendra celui qui aura pratiqué ou facilité les dits envois, exhibitions ou publications, passible des peines portées par l'article 7 de la loi de 1853.

La même disposition se retrouve dans notre loi du 21 mai 1836 sur les loteries, qui décide dans son article 4 de frapper des mêmes peines que les organisateurs des loteries ceux qui, par des avis, annonces, affiches, ou partout autre moyen de publication auront fait connaître l'existence de ces loteries, ou facilité l'émission de ces billets ».

3° La loi de 1891 vise également tout propriétaire ou gérant d'établissement public qui aura laissé exploiter le pari dans son établissement.

« Il faut également frapper ceux qui se font les complices de cette industrie en lui prêtant leurs établissements, disait M. Riotteau » (1).

A vrai dire, cet individu n'avait pas coopéré à l'acte principal et il est peut-être difficile de justifier juridiquement sa complicité, mais le législateur estimait avec juste raison qu'il fallait à tout prix traquer les agences et elles étaient partout, surtout dans les cafés, les bureaux de tabacs, les auberges, etc.

La loi, ici encore, a mis fin à toute incertitude et la jurisprudence a fait une application des plus sévères de sa disposition ainsi que le montrent les deux décisions suivantes :

« Attendu qu'il est constant en fait que les prévenus Thiolien, Duboug, Sautie, Terrier, etc., ont été surpris en juin 1898, dans l'établissement tenu par Borniche, pariant entre eux sur les courses de chevaux et réglant

1. Rapport précité, p. 23 et 24.

eux-mêmes leur différence, suivant les résultats annoncés par fil télégraphique spécial, mais que de sem-
blables paris ne tombent pas sous le coup de la loi
du 2 juin 1891; que si des listes de paris, et des
carnets saisis entre les mains de certains inculpés peuvent laisser soupçonner que ceux-ci servent d'intermédiaires, il n'est pas cependant établi qu'ils aient réellement
à un jour précis et pour des personnes déterminées,
engagé des enjeux;

« Attendu que, en ce qui concerne Bourniche, que
non seulement il n'a pas ignoré qu'on se livrait chez
lui à des jeux de hasard, mais encore qu'il a facilité
ces jeux et qu'il en a tiré profit par suite de l'accrois-
sement de clientèle qu'ils ont déterminé.

« Qu'il s'est donc rendu coupable de tenue de maison
de jeu de hasard, et qu'il y a lieu de donner cette qualification à la prévention pour laquelle il a été ren-
voyé devant le tribunal correctionnel...

« Faisant application à Bourniche de l'art. 410,
condamne Bourniche à 500 francs d'amende ».

Sur appel la Cour de Paris a confirmé cette décision :

« Considérant qu'il résulte de l'instruction et des
débats qu'en juin 1898 Bourniche, cafetier, recevait par
fil spécial de l'agence Havas, après chaque course,

le résultat des paris engagés sur les courses de chevaux de la journée.

Que le résultat était affiché immédiatement au comptoir où toutes personnes pouvaient en prendre connaissance.

Que les joueurs qui fréquentaient habituellement l'établissement et qui s'y trouvaient en grand nombre réglaient entre eux après chaque course, d'après le résultat ainsi annoncé les paris qu'ils avaient engagés entre eux.

Que le public était admis librement dans cet établissement

« Par ces motifs rejette les conclusions du prévenu (1). »

1. Seine 10° Chambre 9 novembre 1898 et Paris 6 février 1899.

# CHAPITRE IV

## Pénalités résultant de l'infraction à la loi du 2 juin 1891.

La loi du 2 juin 1891 punit d'une peine unique le délit qu'elle a créé; elle le déclare passible, sans faire aucune distinction entre les circonstances où le délit a été commis, des peines portées à l'article 410 du code pénal. C'est ainsi qu'elle a fait un délit de l'exploitation habituelle du pari sur les courses de chevaux fait ou offert à tous venants; nous savons en effet que l'infraction que les lois punissent de peines correctionnelles est un délit.

Avant la loi de 1891, l'exploitation du pari sur les courses de chevaux, dans les cas où la jurisprudence avait cru devoir l'atteindre, ne constituait un délit que si elle était pratiquée hors des champs de courses, dans une agence de pari; l'agence était assimilée à une maison de jeu et l'art. 410 C. pén., était applicable.

Quand l'exploitation avait lieu sur les champs de

courses, au contraire, il n'y avait plus qu'une contravention punie par l'art. 475, 5°, C. pén.

Le jeu a de tout temps en effet paru moins dangereux quand il est exercé dans un lieu public que quand il est dans une maison de jeu.

M. Riotteau nous a très bien donné les motifs de cette différence de traitement.

« L'article 410 frappe, comme délit, d'une forte peine et d'une amende considérable, le fait d'avoir tenu une maison de jeux de hasard. L'article 475 punit, comme contravention, d'une simple amende, le fait d'avoir établi ou tenu dans les rues, chemins, places et lieux publics, des jeux de loterie ou d'autres jeux de hasard Quelle est la raison de peines si différentes ? C'est que dans le premier cas, la loi vise un établissement clandestin dans l'intérieur d'une maison et par conséquent échappant plus aisément à la surveillance de la police ; tandis que, dans le second, elle vise un établissement s'étalant au grand jour et dans les lieux publics soumis à la surveillance constante de l'autorité qui peut faire cesser la concurrence aussitôt qu'elle se produit.

« Evidemment, c'est dans cette seconde catégorie d'établissements que doivent être rangées les installations volantes des parieurs de profession sur les champs de courses, et peut-être même, les agences publiques installées dans des boutiques ouvertes en pleine rue. Mais la peine à appliquer va se trouver bien faible ; une légère amende découragera-t-elle un contrevenant dont la profession est si lucrative. » (1);

Dans ces conditions, il a paru nécessaire de se mon-⁻trer sévère et de correctionnaliser dans tous les cas l'infraction qu'on voulait poursuivre : « si lucrative que soit la profession, il est probable que la perspective des pénalités de l'art. 410 dégoûtera la plupart de ceux qui s'y livrent et dont l'intérêt direct est d'exciter le public à parier. » (2).

Nous rappelons que le fait prévu par l'art. 4 de la loi du 2 juin 1891 n'est délictueux et par suite punissable que s'il réunit les deux éléments constitutifs suivants :

1° l'*exploitation* du pari sur les courses de chevaux et nous savons qu'il faut entendre par là la profession habituelle ; il faut donc une série de faits pour réaliser ce premier élément.

2° l'exploitation du *pari à tous venants*, et nous savons qu'il faut entendre par là l'exploitation du pari fait ou même simplement offert indistinctement à la masse du public.

1. Rapport de M. Riotteau à la Chambre des Députés. 30 avril 1891. N. 1 389. p. 12.

2. Rapport précité. p. 23.

Le délit ainsi qualifié est donc passible des peines suivantes :

### § 1. — Peine principale.

Aux termes de l'article 410 C. pén. « Ceux qui auront tenu une maison de jeux de hasard, et y auront admis le public, soit librement, soit sur la présentation des intéressés ou affiliés, les banquiers de cette maison ou tous ceux qui auront établi ou tenu des loteries non autorisées par la loi, tous administrateurs, préposés, ou agents de ces établissements seront punis d'un emprisonnement, de deux mois au moins, et de six mois au plus, et d'une amende de cent francs à six mille francs ».

Si le délinquant était en même temps poursuivi pour d'autres crimes ou délits, la peine la plus forte serait seule prononcée (art. 365, C. Inst. crim.). Avant la loi de 1891, au contraire, il pouvait y avoir cumul des contraventions pour exploitation du pari sur les champs de courses.

### § 2. — Peines annexes.

Les peines annexes se subdivisent en peines accessoires et peines complémentaires (1).

1. M. Le Poittevin à son Cours.

A. — Les peines accessoires s'ajoutent de plein droit à la peine.

Dans notre matière, les peines accessoires prononcées contre le délinquant sont de diverses natures.

$\alpha$. — Les unes frappent le condamné dans sa fortune.

L'article 410 C. pén. ordonne en effet la confiscation des enjeux :

« Dans tous les cas seront confisqués tous les fonds ou effets qui seront trouvés exposés au jeu ou mis à la loterie, les meubles, instruments, ustensiles employés ou destinés au service des jeux ou des loteries, les meubles et effets mobiliers, dont les lieux seront garnis ou décorés ».

Dans notre matière, la confiscation est une peine.

Il en résulte qu'il faut lui appliquer toutes les règles des peines ; elle ne pourrait donc être prononcée que contre un prévenu déclaré coupable et condamné ; elle ne pourrait l'être après le décès du délinquant ; enfin, en vertu de l'article 11, Code pénal, la confiscation spéciale du corps du délit ne paraît autorisée que si la propriété appartient au condamné ; cet article ne distingue pas au contraire quand il s'agit soit des choses produites par le délit, soit de celles qui ont servi ou qui ont été destinées à le commettre.

Cette observation présente un intérêt pratique au

point de vue de la confiscation des enjeux confiés à
un bookmaker par les parieurs, ou pour des paris à effec-
tuer sur le champ de courses.

La Cour de cassation avait décidé par arrêt du 25
mai 1888 que : « doivent être considérées comme expo-
sées au jeu les sommes trouvées sur les tenanciers de
maisons de jeux dont la spéculation consiste précisément à tenir les diverses sommes que les joueurs voudront exposer aux hasards de la partie » (1).

Elle vient de confirmer cette jurisprudence et d'en
faire application en ce qui nous concerne : « attendu
que le paragraphe 3 de l'article 410 du code pénal,
prescrit la confiscation de tous les fonds et objets trouvés exposés au jeu » ;

Attendu que cette disposition ne doit pas s'entendre
dans un sens restrictif ;

Que si les joueurs trouvés dans une maison de jeu
peuvent soutenir que leur enjeu actuel est seul exposé, il en est autrement de ceux dont la spéculation
illicite consiste à tenir diverses sommes que les joueurs
voudront exposer aux hasards de la partie.

« Attendu qu'il est établi que L... avait reçu de divers,
par l'entremise de D..., des paris sur les courses, et
que au moment où il partait pour les courses d'Auteuil,

1. Cass. 25 mai. 1838, S. 1838. 1. 512.

il a été trouvé nanti de notes et fiches indiquant qu'il exploitait le pari aux courses, et notamment d'une fiche mentionnant les paris reçus par lui sur les chevaux devant courir ce jour-là ; que les juges en ont induit que la somme de 1040 francs, renfermée dans sa sacoche, ne pouvait provenir que du montant des enjeux qui lui avaient été versés ;

Attendu que cette appréciation étant souveraine, elle échappe au contrôle de la cour de cassation » (1).

β. — D'autres peines accessoires frappent le délinquant quant à ses droits.

C'est ainsi qu'en vertu de l'article 6 de la loi du 7 juillet 1880 :

« Ne peuvent exploiter des débits de boissons à consommer sur place, ceux qui auront été condamnés à un emprisonnement de un mois au moins pour tenue de maison de jeu conformément à l'article 410 du code pénal ».

L'incapacité résultant de cette condamnation cessera cinq ans après l'expiration de leurs peines si pendant ce délai, les débitants frappés n'ont encouru aucune autre condamnation correctionnelle à l'emprisonnement. En outre, d'après ce même article 7 : « le débitant interdit ne pourra être employé à quelque titre que ce

1. Cass. 25 octobre 1894. S. 1865, 1. 61.

soit au service de celui auquel il aurait vendu ou loué
ledit établissement, ni dans l'établissement exploité par
son conjoint ».

Toute infraction à ces dispositions « sera punie d'une
amende de seize à deux cents francs. En cas de récidive l'amende pourra être portée jusqu'au double et le
coupable pourra en outre être condamné à un emprisonnement de six jours à un mois » (art. 8).

De plus, par application de l'article 619 du code de
commerce ne peuvent participer aux élections pour les
chambres de commerce les individus condamnés pour
contravention aux lois sur les maisons de jeux, les loteries et les maisons de prêts sur gages ».

Ceux qui auront été condamnés à l'emprisonnement
pour ces mêmes délits sont, en vertu de l'article 2 § 3
de la loi du 8 décembre 1883 privés de leur droit d'é-
lecteurs, même pour les élections au tribunal de commerce.

Enfin les individus condamnés par application de
l'article 410 sont en outre frappés d'incapacité électo-
rale en vertu de l'article 15 § 11. Décret organique du 2
février 1852 (1).

B. — Les peines complémentaires ne sont infligée s

1. *Répertoire général alphabétique du droit Français*, v.
*Jeu et pari*, n<sup>os</sup> 477, 478, 479.

que si le juge les prononce, s'il décide qu'elles seront ajoutées à la peine principale.

L'article 410 C. pén., donne aux tribunaux la faculté de prononcer contre le délinquant, en notre matière, la déchéance de certains droits civils, civiques ou de famille :

« Les coupables pourront être de plus, à compter du jour où ils auront subi leur peine, interdits pendant cinq ans au moins et dix ans au plus, des droits mentionnés en l'article 42 du présent Code ».

D'après cet art. 42. C. pén., « les tribunaux jugeant correctionnellement peuvent, dans certains cas, interdire, en tout ou en partie, l'exercice des droits civiques, civils et de famille suivants :

1° De vote et d'élection ;

2° D'éligibilité ;

3° D'être appelé aux fonctions de juré ou autres fonctions publiques, ou aux emplois de l'administration, ou d'exercer ces fonctions ou emplois.

4° Du port d'armes.

5° De vote et de suffrages dans les délibérations de famille.

6° D'être tuteurs ou curateurs si ce n'est de leurs enfants et sur l'avis seulement de la famille.

7° D'être experts ou employés comme témoins dans les actes.

8° De témoignage en justice autrement que pour y faire de simples déclarations ».

## § 3. — Circonstances atténuantes.

L'art. 4 *in fine* le déclare formellement : « Les dispositions de l'art. 463 du code pénal seront, dans tous les cas, applicables aux délits prévus par la présente loi ».

Par conséquent, en vertu de cet art. 463 C. p., alinéa ajouté par décret du 27 novembre 1870 : lorsque les juges reconnaîtront qu'il y a circonstances atténuantes, les tribunaux pourront, même en cas de récidive, réduire l'emprisonnement même au-dessous de six jours et l'amende même au-dessous de seize francs ; ils pourront aussi prononcer séparément l'une ou l'autre de ces peines, et même substituer l'amende à l'emprisonnement, sans qu'en aucun cas elle puisse être au dessous des peines de simple police.

## § 4. — Récidive.

La récidive, avant la loi du 2 juin 1891, était régie par l'art. 58 C. pén., quand l'infraction constituait un délit, et par l'art. 478 C. p. quand elle constituait une contravention.

En cas de récidive, l'art. 478 C. pén. décidait que les individus mentionnés au n° 5 de l'art. 475, qui seront repris pour le même fait en état de récidive, seront traduits devant le tribunal de police correctionnelle, et punis d'un emprisonnement de six jours à un mois, et d'une amende de seize francs à deux cents francs.

Actuellement, elle est régie dans tous les cas, sans distinction entre l'infraction commise sur les champs de course ou ailleurs, par l'art. 58 C. p., modifié par la loi du 26 mars 1891 qui décide que ceux qui, « après avoir été antérieurement condamnés à une peine d'emprisonnement de moins d'une année, commettent dans le délai de cinq ans après l'expiration de cette peine ou sa prescription, le même délit dans les mêmes conditions de temps seront condamnés à une peine d'emprisonnement qui ne pourra être inférieure au double de celle précédemment prononcée sans qu'elle puisse dépasser le double du maximum de la peine encourue ».

## § 5. — Sursis.

La loi du 26 mars 1891 s'applique à tous les crimes et délits, elle s'appliquera donc à notre matière, mais il faut bien observer que le sursis ne peut être accordé que pour l'emprisonnement et l'amende ; par conséquent, dans tous les cas, la confiscation des enjeux sera maintenue.

### § 6. — Prescription.

Etant donné que l'infraction dont nous nous occupons est un délit d'habitude, la prescription de l'action publique a lieu au bout de trois ans à partir du dernier fait délictueux.

La prescription de la peine est de cinq ans comme pour toute peine correctionnelle.

# CONCLUSION

Nous avons vu comment l'incohérence de la jurisprudence et l'impuissance de l'administration à régler
la question des paris aux courses, avaient rendu indispensable l'intervention du législateur et comment
la loi de 1891, s'inspirant bien à tort de la jurisprudence la plus récente à cette époque de la Cour de
Cassation avait essayé de réglementer les paris aux
courses.

Au point de vue du droit privé, la loi du 2 juin 1891
n'a modifié en rien les règles du Code civil ; c'est donc
l'article 1966 qui règle les rapports des parieurs
entre eux.

Nous avons dit comment l'interprétation la plus conforme au bon sens et à l'esprit du législateur nous
avait conduit à décider que l'article 1966 du Code
civil était applicable à tout parieur ; quel qu'il fût,
jockey, entraîneur, propriétaire, et même tiers, non
intéressé dans la préparation, la conduite et la propriété du cheval.

Tout pari aux courses, qu'il soit mutuel, à la cote ou au livre est donc, selon notre opinion, civilement obligatoire entre toute personne, aux termes de l'article 1966.

Cet article n'y met qu'une seule restriction dont l'appréciation est laissée au magistrat, c'est que le montant du pari ne soit pas une somme excessive.

Au point de vue pénal, la loi du 2 juin 1891 a eu la prétention de réprimer le pari aux courses, sous toutes ses formes, et en quelque lieu que ce soit, les termes de l'article 4, alinéa 1, de cette loi ne laissent aucun doute sur les intentions du législateur.

Mais cette disposition a mis à l'application de sa rigoureuse formule une condition essentielle : c'est que le pari aux courses, pour être repréhensible, doit avoir été fait ou offert à *tous venants*.

Dès lors, et la jurisprudence des tribunaux, saisis en dernier lieu des procès-verbaux dressés à l'occasion des paris aux courses, l'a très nettement reconnu : les paris sous quelque forme, et en quelque lieu qu'ils soient faits, échappent à toute répression dès qu'ils ne sont pas engagés ou offerts à tous venants. Ainsi que l'a reconnu M. Dupuy (1), à la séance de la Chambre du 6 février 1900, il n'y a plus là qu'une question d'es-

1. Voir *Journal Officiel*, séance de la Chambre, p. 330.

pèce, et c'est aux tribunaux à apprécier si les gens qui ont parié entre eux se connaissent ou non, préalablement.

Etant donnée cette jurisprudence, indiscutable en présence du texte de la loi, il faut avouer que les désirs exprimés par certains moralistes de supprimer tout pari aux courses, n'ont certes pas été réalisés, et que le but même plus restreint du législateur est complètement manqué.

Les moralistes ont dû reconnaître que, sans paris, les courses ne pouvaient subsister et ils ont pu se rendre compte des conséquences funestes que pourrait entraîner leur suppression, soit au point de vue de l'élevage, soit au point de vue de l'intérêt national et de la sécurité du pays.

De plus, cette interdiction absolue du pari n'aurait jamais pu être sanctionnée d'une manière efficace et elle n'eût abouti qu'au développement du pari clandestin, c'est-à-dire du pari sous sa forme la plus pernicieuse et la plus compromettante pour les intérêts du public.

Obligés de se rendre à l'évidence, les adversaires intransigeants du pari avaient, du moins, cru trouver, dans la formule compréhensive de la loi de 1891, le moyen de réprimer l'exploitation du pari d'une manière efficace ; mais la formule même de cette loi était en-

tachée d'un vice profond dérivant de ce que le législateur de 1891 avait admis, sans le contrôler, le critérium
que la jurisprudence avait choisi pour apprécier le moment où le pari aux courses pouvait être considéré
comme un jeu de hasard, afin de le faire tomber sous
l'application de la loi pénale. Le pari aux courses,
quelle que soit sa forme, devient un jeu de hasard, disait la cour de Cassation, dès qu'il est fait à tous venants, parce qu'alors il est présumé fait à des gens incompétents en matière de courses.

Cette absurdité, qui consiste à juger un fait d'après
la capacité de celui qui l'accomplit, devait inévitablement frapper d'inefficacité la loi qui la consacre, et
c'est pour cette raison que la loi de 1891 a complètement manqué son but répressif, malgré la sévérité ap_
parente de ses dispositions. En fait, le pari aux courses
peut être exploité sans mesure, même en dehors des
champs de course par toute personne qui a l'habileté
de se faire un cercle de relations suffisamment étendu.

En outre la loi nouvelle apporte à la prohibition de
tout pari une exception importante en vertu de l'article 5. Les sociétés, remplissant les conditions prescrites, pourront, grâce à une autorisation toujours révocable du ministre de l'agriculture, et moyennant un
prélèvement fixe en faveur des œuvres locales de bien-

faisance et de l'élevage, organiser le pari mutuel sur leurs champs de courses exclusivement.

Par conséquent le pari avec tous venants est possible, pourvu qu'il soit pratiqué dans les conditions visées par le décret conformément à la loi, et, de ce fait, la loi a encore manqué son but, car elle n'a en rien entravé l'essor considérable et perpétuellement progressif du pari aux courses. Les recettes du pari mutuel, l'importance des prélèvements opérés au profit des sociétés et de l'assistance publique en sont la preuve irréfutable.

D'autre part la loi de 1891 est insuffisante ou incomplète au point de vue suivant. Elle n'a pas prévu le pari au livre, et il résulte des déclarations du rapporteur, à la Chambre des Députés, que ce pari « individuel, et direct, fait à terme, sans échange d'argent ou de ticket, qu'aucune jurisprudence n'avait atteint jusqu'à ce jour, « le seul toléré » avant la loi, devait l'être encore après.

A prendre à la lettre ces déclarations, on pourrait dire que le pari au livre reste en dehors des dispositions répressives de la loi de 1891 ; quel que soit le lieu et entre quelque personne qu'il soit fait.

Mais, sans aller aussi loin, il est indiscutable que le pari au livre est absolument licite, quand il n'est pas fait à tous venants, ce qui est d'ailleurs de son essence, puisque, pour pratiquer ce genre de paris, il faut de part et d'autre apprécier sa solvabilité.

Par suite, la loi du 2 juin a créé inconsciemment au profit des bookmakers une situation exceptionnelle. Sous le titre de *donneurs au livre*, ils font des affaires colossales; ceux d'entre eux qui ne parient qu'avec les gros parieurs qui les connaissent, exercent une profession des plus lucratives ; à l'abri des sévérités de la loi, et, ce qu'il y a de plus fâcheux, sans subir les prélèvements que la loi impose au pari mutuel, plus spécialement fréquenté par les petits parieurs.

Cette situation a ému certains députés, soucieux des finances de la République démocratique, et, n'osant pas demander la réglementation des parieurs au livre, ils ont réclamé leur suppression, en dénonçant le pré-.judice qu'ils faisaient subir aux finances publiques.

Mais, il faut le reconnaître, l'administration ne peut empêcher la pratique du pari au livre sans violer manifestement la loi, et, d'autre part, les textes de la loi pénale ne lui sont pas applicables.

Il est extrêmement fâcheux que des paris considérables puissent ainsi échapper à la loi fiscale et que des sommes énormes soient détournées des ressources de l'élevage et de l'assistance au profit d'industriels, dont le privilège est contraire à nos principes d'ordre public.

La conclusion de notre étude est que la réglementation du pari au livre s'impose. Quelle qu'elle so t,ce tte
réglementation doit fixer exactement la situation des
parieurs au point de vue de la loi pénale, et surtout
au point de vue de la loi fiscale (1). Tel est notre
avis, qui est d'ailleurs conforme à celui des pouvoirs
publics, puisque le ministre de l'agriculture, « vient
de nommer une commission en vue d'étudier les questions relatives à l'application de la loi du 2 juin 1891
qui a réglementé l'autorisation « et le fonctionnement
des courses de chevaux, en France » au décret du
24 mars 1893, ainsi que toutes celles qui pourront s'y
rattacher.

Cette commission est ainsi composée : le ministre de
l'agriculture, les cinq présidents des grandes sociétés
de courses, MM. Charles Blanc, conseiller d'Etat, Fa-
got, sénateur des Ardennes, Tillaye, sénateur du Calvados, Pedebidou, sénateur des Hautes-Pyrénées, Ba-
zire, sénateur de la Manche, Edmond Blanc, député des

1. Au point de vue de la loi civile nous croyons que l'article 1966 du code civil s'applique sans contestation possible. Il
serait donc inutile de faire à ce sujet une disposition nouvelle, il
suffirait de déclarer simplement que l'article 1966 doit régir les
rapports des parieurs entre eux. Ce qui supprimerait toute con-
troverse.

Hautes-Pyrénées, Viger, député du Loiret, Lasserre, député du Tarn-et-Garonne, De Saint-Quentin, député du Calvados, Chauvin, député de Seine-et-Marne, Mondo, député des Côtes-du-Nord, Plozen, directeur des haras, Cabaret, chef du personnel à l'agriculture, Bernard, chef du service de l'impôt général aux Finances, de la Morinière, inspecteur général des finances, La Borde, directeur des affaires civiles et des sceaux à la justice, Laurent, directeur général de la comptabilité publique aux Finances.

Souhaitons qu'une loi nouvelle intervienne bientôt pour réparer l'insuffisance de la législation antérieure même à la loi de 1891, tant au point de vue de la loi pénale que de la loi fiscale, et pour restituer à l'élevage et à l'assistance les sommes considérables détournées à leur détriment.

---

Vu : le Président de la thèse
R. SALEILLES

Vu : le Doyen,
GLASSON

Vu et permis d'imprimer,
Le Vice-recteur de l'Académie de Paris,
GRÉARD

# BIBLIOGRAPHIE

## DROIT CIVIL ET PÉNAL.


**Aubry et Rau**. — Cours de droit civil Français, 1897, 8 vol. in-8, t. IV.

**Baudry-Lacantinerie**. — Précis de droit civil, 1896-1898, 3 vol. in-8, t. III.

**Baudry-Lacantinerie et Walh (Alb.)**. — Contrats aléatoires. Mandat. Cautionnement. Transaction. Paris, 1899, 1 vol. in-8.

**Chauveau et Faustin-Hélie**. — Théorie du Code pénal, 1887, 6 vol. in-8.

**Dalloz**. — Jurisprudence générale.

**Dalloz**. — Répertoire. Voir Courses de chevaux. Jeu et pari.

**Duranton**. — Cours de droit Français suivant le Code Civil. 4e édition, 1844, 23 vol. in-8, t. XVIII.

**Fenet**. - Travaux préparatoires du Code civil, 1836, 15 vol. in-8, t. XIV et XV.

**Frèrejouan du Saint.**— Le jeu et pari au point de vue civil pénal et réglementaire.

**Fuzier-Hermann.** — Code civil annoté.

**Garraud.** — Précis de droit criminel 1898, 1 vol in-8.

**Garraud.** — Traité théorique et pratique du droit pénal Français.

**Guillouard.** — Traité des contrats aléatoires, 1899, 1 vol, in-8.

**Guyot.** — Répertoire de Jurisprudence.

**Huc (Théophile).** — Commentaire théorique et pratique 1892, 1899. 13 vol., in-8 T. 11°.

**Huc (Evariste).** — Le jeu et le pari en droit romain et en droit civil français, thèse pour le doctorat, Paris 1894.

**Le Poittevin.** — Cours de droit criminel, 1891, 1892, 1896, 1897.

**Larombière.** — Traité théorique et pratique des obligations 7 vol, in-8.

**Lenoble (Henri).** — Les courses de chevaux et les paris aux courses. Etude critique sur l'organisation et la réglementation des paris aux Courses. (Thèse pour le doctorat, Paris 1899).

**Pandectes Françaises.** — Nouveau répertoire de doctrine et de jurisprudence. Voir agences de Courses. Courses de chevaux.

**Pilette.** — Revue pratique, année 1863.

**Pont (Paul).** — Commentaire Traité des petits contrats, 2ᵉ édition, in-8.

**Répertoire général alphabétique du droit Français.** — V. courses de chevaux. Jeu et pari.

**Saleilles (Raymond).** — Essai d'une théorie générale de l'obligation d'après le projet de code civil allemand.


**OUVRAGES ÓPÉCIAUX SUR LES COURSES DE CHEVAUX.**

**Brégeault.** — Les paris aux courses. Journal la Loi du 8 décembre 1889.

**Cavailhon (Edouard).** — Les courses et les paris.

**Charton de Meur.** — Dictionnaire de jurisprudence hippique, 1891, 1 vol. in-8.

**Domjean (Georges).** — La question des paris sur les champs de courses.

**Henry (Edmond).** — Les courses, leur utilité au point de vue de l'agriculture et de l'armée. Caen, 1884, in-8.

**Laffon (F).** — Le Monde des courses. Mœurs actuelles du tarif.

— Etudes nouvelles et historiques suivies d'un dictionnaire annuaire, 1896, in-8.

**Laya.** — Commentaire de la loi sur les courses de chevaux et les paris aux courses. La loi du 2 juin

1891. Lois Nouvelles. Revue de législation, 1891'

**Villa (A). Reggio** — Guide bleu des courses, 1891,
3ᵉ édit. in-18.


## DOCUMENTS PARLEMENTAIRES

**Camescasse.** Rapport fait au nom de la commission
chargée d'examiner le projet de loi, adopté par la
Chambre des députés ayant pour objet de réglementer l'autorisation et le fonctionnement des
courses de chevaux en France. V. Documents
parlementaires, annexe à la séance du Sénat, 25
mai 1891.

**De Kerjégu.** — Rapport fait au nom de la Commission
chargée d'examiner le projet de loi concernant la
centralisation et le mode d'emploi des fonds provenant des prélèvements sur le pari mutuel.
Annexe au procès-verbal de la séance de la Chambre des députés du 20 février 1891, n· 1200.

**Riotteau.** — Rapport fait au nom de la commission
chargée d'examiner le projet de loi ayant pour
objet de réglementer l'autorisation et le fonctionnement des courses de chevaux. Annexe au procès-verbal de la séance du 30 avril 1891, Nº 1389.

**Saint-Quentin (comte de).** — Rapport fait au nom de
la commission d'agriculture chargée d'examiner

la proposition de M. Edmond Blanc et de plusieurs de ses collègues tendant à modifier le § 2 de l'art. 4 de la loi du 2 juin 1891. Annexe au procès-verbal de la séance de la Chambre du 8 mai 1899. N° 920.

**Tillaye**. — Rapport fait au nom de la commission chargée d'examiner la proposition de loi adoptée par la Chambre des députés tendant à modifier le § 2 de l'art. 4 de la loi du 2 juin 1891.


## DÉBATS PARLEMENTAIRES


Séance de la Chambre des députés, 20 février 1801.

—                     28 février 1891.

—                     12 mars 1891.

—                     13 mai 1891.

Séance du Sénat        29 mai 1891.

—                     1er juin 1891.

Séance de la Chambre des députés, 25 février 1899.

—                     6 février 1900.

—                     7 février 1900.

Séance du Sénat        23 mars 1900.

# TABLE DES MATIÈRES

Pages

INTRODUCTION. . . . . . . . . . . . . . . . 5

## PREMIÈRE PARTIE

**Des Paris sur les courses de chevaux au point de vue privé.**

CHAPITRE I. — Régles générales régissant le jeu et le pari.    25
     La législation française formule à ce sujet deux règles
     principales.

*Section I.* — Première règle . . . . . . . . .    27
     Le jeu ou le pari forme un contrat qui n'est sanc-
     tionné par aucune action.

Principes des principaux codes étrangers à ce sujet .    27
     § 1. — Quels sont les motifs de cette première
     règle . . . . . . . . . . . . . . . . .    29

Différents systèmes proposés pour la justifier . . .    34

Solution qui paraît préférable. . . . . . . . .    36
     § 2. — Etendue d'application de cette première
     règle . . . . . . . . . . . . . . . . .    40
     § 3. — Conséquences de cette première règle . .    42

*Section II.* — Deuxième règle . . . . . . . . . . 44

Le jeu ou le pari peut faire l'objet d'un paiement valable.

Principes des différents codes étrangers . . . . 45

§ 1. — Quels sont les motifs de cette deuxième règle . . . . . . . . . . . . . . . . 46

§ 2. — Etendue d'application de cette deuxième règle . . . . . . . . . . . . . . . 53

§ 3. — Conséquences de cette deuxième règle. . 58

CHAPITRE II. — Règles spéciales applicables aux paris sur les courses de chevaux . . . . . . . . . . . . 59

Motifs sur lesquels sont basées ces règles . . . . 60

Principes des différents codes étrangers . . . . 62

Personnes qui peuvent se prévaloir des faveurs accordées par le Code civil dans l'article 1966 aux paris sur les courses de chevaux . . . . . . 65

Différents systèmes . . . . . . . . . . . . . 65

Système que nous adoptons . . . . . . . . . 73

CHAPITRE III. — Des différentes formes de pari sur les courses de chevaux . . . . . . . . . . . . . 74

§ 1. — Poule . . . . . . . . . . . . . . 74

§ 2. — Pari Mutuel . . . . . . . . . . . 78

Application de la loi du 15 juin 1872 au cas de perte d'un ticket du pari mutuel . . . . . . . . 87

§ 3. — Pari à la côte. . . . . . . . . . . 95

§ 4. — Pari au livre. . . . . . . . . . . 102

## DEUXIÈME PARTIE

### Du pari sur les courses de chevaux au point de vue pénal.

Chapitre I. — Etat de la jurisprudence antérieure à la loi
du 2 juin 1891. . . . . . . . . . . . . . . 10₈

Relativement au pari à la poule

— au pari mutuel.

— au pari à la côte

Chapitre II. — Conditions d'existence du délit nouveau
créé par la loi du 2 juin 1891 . . . . . . . . . 130

Première condition : Il faut qu'il y ait eu exploitation
du pari sur les champs de courses. . . . . . . 132

Deuxième condition : Il faut qu'il y ait eu offre de
parier à tous venants. . . . . . . . . . . . 133

Définition des mots à tous venants

Chapitre III. — Règles relatives à la complicité en matière
de paris sur les courses de chevaux . . . . . 166

La loi punit comme complices les intermédiaires.

La loi punit comme complices ceux qui ont reçu le
dépôt préalable des enjeux.

La loi punit comme complices ceux qui ont vendu des
renseignements sur les chances des chevaux engagés.

Loi du 1ᵉʳ avril 1900. But de cette loi, modifications
apportées à la loi du 2 juin 1891.

Chapitre IV. — Pénalités résultant de l'infraction à la loi
du 2 juin 1891. . . . . . . . . . . . . . . 181

§ 1. — Peine principale. . . . . . . . . 184

§ 2. — Peines annexes . . . . . . . . . 184

. § 3. — Circonstances atténuantes. . . . . . 190

§ 4. — Récidive . . . . . . . . . . . . 190

§ 5. — Sursis . . . . . . . . . . . . . 191

§ 6. — Prescription . . . . . . . . . . 192

Conclusion. . . . . . . . . . . . . 193